Gerald Mackenthun

Was ist Aufklärung?

Gerald Mackenthun

Was ist Aufklärung?

Rückbesinnung und Neuformulierung

vta

Impressum
Die Deutsche Nationalbibliothek verzeichnet diese Publikation in der Deutschen Nationalbiographie; detaillierte bibliographische Daten sind im Internet über http://dnb.dnb.de abrufbar.
1. Auflage März 2023

mail@vta-verlag.com; www.vta-verlag.com

Druck und Vertrieb: Books on Demand GmbH, 22848 Norderstedt
Gesetzt aus der Athelas serif und der Gill sans serif light.

ISBN Print **978-3-946130-47-5**
ISBN eBook **978-3-946130-48-2**

Teile dieses Textes als Hörbuch unter *geraldmackenthun.de/podcast/aufklärung*

1784 beantwortete der Philosoph Immanuel Kant in einem berühmten Aufsatz die Frage: Was ist Aufklärung? Seine viel zitierte Antwort: Der aufgeklärte Mensch denkt selber. Aber kann es wirklich nur darum gehen? In fünf Kapiteln wird Kants Aufsatz vorgestellt, die Begriffe „Vernunft“ und „Verstand“ diskutiert, die Kritik der Aufklärung von Max Horkheimer und Theodor W. Adorno zurückgewiesen, eine neue Definition von Aufklärung formuliert und über Aufklärung heute nachgedacht.

Wir leben in einem aufgeklärten Zeitalter. Niemand glaubt ernsthaft mehr an Hexen, Werwölfe und Blutwunder. Wir benutzen Smartphones und sind an demokratische Verhältnisse gewöhnt. Trotzdem wird die Rationalität der Aufklärung gern in Zweifel gezogen: Hat sie nicht zur Atombombe geführt? Richtig, aber auch zu Antibiotika und sauberem Trinkwasser. Wer möchte darauf verzichten?

„Es wird den Menschen insgesamt besser gehen. Wir werden riesige Fortschritte im Kampf gegen Krebs sehen, die Kindersterblichkeit wird niedriger sein und die Menschen werden länger leben."

Bill Gates, Microsoft-Gründer und Philanthrop, 2023

Inhalt

Vorwort

Kürzlich fiel mir wieder einmal Immanuel Kants kleine Schrift „Was ist Aufklärung?" aus dem Jahr 1784 in die Hände, in der er behauptet, dass derjenige unmündig sei, der nicht ohne Anleitung eines anderen denken könne. Ich erinnerte mich an die vielen Menschen, die mich unterrichtet und gelehrt haben: meine Eltern, Dutzende von Lehrern, Dozenten und andere Menschen, denen ich begegnet bin, mit denen ich gesprochen und von denen ich gelernt habe. Meiner Frau erinnerte an die vielen Menschen, die uns im Alltag helfen: die Friseure, Bäcker, U-Bahn-Fahrer und Automechaniker, ohne die wir nicht über die Runden kämen.

Ich hatte den Eindruck, dass Kant das „Selberdenken“ überschätzte, und machte mich daran, die Frage: Was ist Aufklärung? neu zu überdenken. Das Ergebnis ist dieser Text. Sein Herzstück ist das 4. Kapitel mit dem Titel „Antwort auf die Frage: Was ist Aufklärung?“ Darin versuche ich, den großen Prozess der Aufklärung in zeitgemäßer Weise zu beschreiben.

Im ersten Teil werden die Texte von Immanuel Kant und einem zweiten bedeutenden Aufklärer, Moses Mendelssohn, vorgestellt und inhaltlich diskutiert. Teil 2 gibt in Auszügen einen historischen Rückblick auf die Geschichte der Aufklärung, ihre beiden zentralen Begriffe „Vernunft“ und „Verstand“ und die Rolle der Naturwissenschaften für den raschen Fortschritt der Aufklärung. Die Aufklärung hatte auch Feinde und Kritiker. Teil 3 beschäftigt sich mit ihnen, insbesondere mit Max Horkheimer und Theodor W. Adorno, die in ihrer *Dialektik der Aufklärung* die Aufklärung für gescheitert erklärten. Davon bin ich keineswegs überzeugt, im Gegenteil, die Idee der Aufklärung blüht und gedeiht. Aber sie ist nicht selbstverständlich. Deshalb formuliere ich die Anforderungen, die eine aufgeklärte Haltung an den Einzelnen stellt. In Teil 4 komme ich zum Kern meines Essays, der Neubeantwortung der Frage: Was ist Aufklärung. In einem Nachwort (Teil 5) werde ich über den heutigen Stand der Aufklärung nachdenken.

Berlin, März 2023

Gerald Mackenthun

I Kant und Mendelssohn

Kants Aufsatz

Beantwortung der Frage: Was ist Aufklärung? So lautet der Titel eines kurzen Essays des berühmten deutschen Philosophen Immanuel Kant aus dem Jahre 1784. Der Text erschien in der Dezember-Nummer der *Berlinischen Monatsschrift*. Bereits im ersten Absatz formulierte er seine bis heute klassische Definition der Aufklärung:

> „Aufklärung ist der Ausgang des Menschen aus seiner selbstverschuldeten Unmündigkeit. Unmündigkeit ist das Unvermögen, sich seines Verstandes ohne Leitung eines anderen zu bedienen. Selbstverschuldet ist diese Unmündigkeit, wenn die Ursache derselben nicht am Mangel des Verstandes, sondern der Entschließung und des Mutes liegt, sich seiner ohne Leitung eines andern zu bedienen. Sapere aude! Habe Mut, dich deines eigenen Verstandes zu bedienen! ist also der Wahlspruch der Aufklärung."

Dieser Aufsatz hat eine Vorgeschichte. Ein gutes Jahr zuvor, im September 1783, war in der Berlinischen Monatsschrift ein Aufsatz mit dem Titel *Vorschlag, die Geistlichen nicht mehr bei Vollziehung der Ehen zu bemühen* erschienen. Autor war der Mitherausgeber der Zeitschrift, Johann E. Biester. Darauf reagierte der Berliner Pfarrer Johann F. Zöllner in der Dezemberausgabe mit dem Aufsatz *Ist es rathsam, das Ehebündniß nicht ferner durch die Religion zu sanciren?* In einer Fußnote stellte er die provozierende Frage: „Was ist Aufklärung?" Damit wurde die so genannte Aufklärungsdebatte eröffnet, die sich als äußerst folgenreich und fruchtbar für die Geschichte der Philosophie, besonders in Preußen, erwies.

Noch bevor Kant antwortete, hatte bereits der Berliner Philosoph und Humanist Moses Mendelssohn als Antwort auf die Frage des Pfarrers einen Aufsatz mit dem Titel *Ueber die Frage: was heißt aufklären?* reagiert. Das war in der Septemberausgabe der *Berlinischen Monatsschrift* von 1784. Drei Monate später erschien in der Dezemberausgabe der Aufsatz von Immanuel Kant *Beantwortung der Frage: Was ist Aufklärung?* Kant schrieb seinen Aufsatz, wie er selbst betonte, ohne den Mendelssohnschen zu kennen.

„Sapere aude!“ rief Kant seinen Lesern zu. Das bedeutet in etwa: „Wage es, zu wissen!“ oder, wie Kant auch sagte: „Habe den Mut, dich deines eigenen Verstandes zu bedienen!“. Später gab Kant an anderer Stelle eine weitere, einfache Definition der Aufklärung: „Die Maxime, jederzeit selbst zu denken, ist Aufklärung.“ (Kant, 1786)

Anlass war, wie gesagt, der Vorschlag, bei der Trauung auf einen Geistlichen zu verzichten. Das war damals gewagt. Es berührte einen Kernpunkt der Aufklärung, nämlich die Zurückdrängung des kirchlichen Einflusses auf die Gesellschaft, letztlich die Trennung von Staat und Kirche.

Kant arbeitet in seinem kurzen Aufsatz „Was ist Aufklärung?" mit dem Gegensatz von „Nichtdenkern" und „Selbstdenkern". Mit den unmündigen Nichtdenkern geht er hart ins Gericht. Nicht selbst denken zu wollen, sei Faulheit und Feigheit. Er nennt drei Beispiele: Wer ein Buch hat, hat den Verstand des Autors; wer einen Seelsorger hat, braucht kein Gewissen; wer einen Arzt hat, braucht seine Diät nicht selbst zu beurteilen. Mit einem Wort: Wer bezahlen kann, braucht sich nicht zu bemühen. Die Folgen sind gravierend. Diese Menschen geraten in die Fänge von Vormündern oder von Menschen, die sich wegen der leichten Beeinflussbarkeit der Nichtselbstdenkenden zu deren Vormündern aufschwingen, nur um sie um so nachdrücklicher davon abzuhalten, sich ihres eigenen Verstandes zu bedienen. Kant vergleicht hier die Unaufgeklärten drastisch mit „Hausvieh“, das man dumm gemacht habe. Derart in Gewohnheiten getrieben, sei es für jeden Einzelnen schwer, sich aus eigener Kraft aus der Unmündigkeit zu befreien – zum einen, weil man sie „liebgewonnen“ habe, weil sie bequem sei, zum anderen, weil man inzwischen zumeist wirklich unfähig geworden sei, sich seines eigenen Verstandes zu bedienen.

Diese pessimistischen Ausführungen beziehen sich auf die Einzelperson. Für das breite „Publikum“ sah Kant bessere Chancen, „wenn man ihm nur Freiheit lässt“. Aber auch das Publikum, die Öffentlichkeit, unterliege überall Einschränkungen. „Daher kann das Publikum nur langsam zur Aufklärung gelangen.“ Freiheit aber bedeute, „von seiner Vernunft in allen Stükken öffentlichen Gebrauch zu machen.“ Das betrifft, Kant sagt es deutlich, den „Gelehrten", der von seinem Verstande „vor dem ganzen Publikum der Leserwelt" Gebrauch macht. „Öffentlichkeit" ist für Kant die größere Bühne, der „Privatgebrauch" steht den kleineren Amtsträgern zu. Aber manchmal sei es notwendig, dass die Amtsträger gehorchen und mit dem „räsonniren" aufhören, wenn nämlich staatliche Belange auf dem Spiel stehen. Kant legt dem Monarchen die Worte in den Mund, „räsonnirt so viel ihr wollt, und worüber ihr wollt; nur gehorcht!" Er bringt ein Beispiel: Ein Offizier, dem ein Befehl erteilt wurde, darf nicht „im Dienste über Zweckmäßigkeit oder Nützlichkeit dieses Befehls laut vernünfteln ..., er muß gehorchen. Es kann ihm aber billigermaßen nicht verwehrt werden, als Gelehrter, über Fehler im Kriegsdienste Anmerkungen zu machen." Bürger wiederum können sich nicht weigern, staatlich festgesetzte Leistungen zu erbringen, aber sie können, „als Gelehrte", über Sinn und Unsinn solcher Maßnahmen öffentlich Gedanken äußern. Dieser Unterschied gelte sogar für Geistliche. Er habe „volle Freiheit, ja sogar den Beruf dazu, alle seine sorgfältig geprüften und wohlmeinenden Gedanken über das Fehlerhafte in jenem Symbol [dem Ritus der Kirche], und Vorschläge wegen besserer Einrichtung des Religions- und Kirchenwesens, dem Publikum mitzutheilen." Wenn der Priester seinen Dienst aber nicht mehr mit seinem Gewissen vereinbaren kann, müsse er sein Amt niederlegen. Insofern ist der Priester nicht völlig frei. Aber als „Gelehrter", in seinen Schriften fürs Publikum, dürfe er in allen Stücken von seiner Vernunft Gebrauch machen.

In den folgenden Passagen geht es um die Frage, wie weit die Meinungsfreiheit gehen darf, insbesondere in Religionsfragen. Etwas umständlich drückt Kant in etwa Folgendes aus: Aufklärung geht darauf aus, Erkenntnisse zu erweitern und Irrtümer zu bereinigen. Dieses Prinzip dürfe nicht eingeschränkt werden. Gesetze sind dazu da, ein Volk zu ordnen. Jedem Bürger, „vornehmlich dem Geistlichen", ist es freigestellt, öffentlich, namentlich durch Schriften, über das Fehlerhafte der Ordnung und ihren Einrichtungen „seine Anmerkungen zu machen", bis sich Stimmen vereinigen, die einen Vorschlag machen („vor den Thron bringen"), „die sich etwa nach ihren Begriffen der besseren Einſicht zu einer veränderten Religionseinrichtung geeinigt hätten, ohne doch diejenigen zu hindern, die es beim Alten wollten bewenden lassen." Derartige Aktionen erlauben keinen Aufschub, ja, es sei „schlechterdings unerlaubt", eine Aufklärung zu Lasten der folgenden Generation aufzuschieben. Das hieße, „die heiligen Rechte der Menschheit verletzten und mit Füßen treten".

Sodann wird Kant politisch: Kein Monarch darf ein Gesetz beschließen, dass sich das Volk nicht auch selbst gegeben hätte. Ein Monarch solle sein Volk gelassen wirken lassen; er habe nur darauf zu achten, dass nicht einer den anderen gewalttätig hindert, an der Verbesserung zu arbeiten. Wenn der Monarch, „seine Majestät", sich einmischt, schade er sich nur selbst und verliere Reputation, insbesondere indem er Schriften, „wodurch seine Unterthanen ihre Einsichten ins Reine zu bringen suchen, seiner Regierungsaufsicht würdigt". Das ist eine feine Umschreibung für staatliche Zensur. Aber: „Caesar non est supra grammaticos", wörtlich „Der Herrscher steht nicht über den Grammatikern", frei übersetzt: „Der Monarch soll sich nicht in Kleinigkeiten einmischen".

„Wenn denn nun gefragt wird: Leben wir jetzt in einem aufgeklärten Zeitalter? so ist die Antwort: Nein, aber wohl in einem Zeitalter der Aufklärung." Es fehle noch einiges dazu, dass sich der Mensch imstande sehe, sich in Religionsfragen seines eigenen Verstandes ohne Leitung eines Anderen sicher zu bedienen. Doch es gebe deutliche Anzeichen, dass der Weg freigemacht werde, sich dorthin zu bewegen. Die Hindernisse werden allmählich weniger, und damit reduziere sich auch die selbstverschuldete Unmündigkeit. Das Zeitalter der Aufklärung sei das „Jahrhundert Friederichs". Friedrich II. von Preußen, auch Friedrich der Große oder der Alte Fritz genannt, gilt als ein Repräsentant des aufgeklärten Absolutismus. Er bezeichnete sich selbst als „ersten Diener des Staates". Er setzte tiefgreifende gesellschaftliche Reformen durch, schaffte die Folter ab und forcierte den Ausbau des Bildungssystems (s. Wikipedia, Eintrag „Friedrich II. (Preußen)").

Dieser Fürst, der in Religionsdingen den Menschen nichts vorschrieb, sondern ihnen darin volle Freiheit ließ, trägt laut Kant mit Recht den Titel „aufgeklärt". Er verzichtet auf die Fortsetzung der Unmündigkeit und stelle jedem frei, sich in Gewissensfragen seiner eigenen Vernunft zu bedienen. Dieser Geist der Freiheit breite sich langsam auch außerhalb Preußens aus. Der Fürst brauche nichts zu fürchten; das Volk werde sich nach und nach selbst aus seiner Unmündigkeit („seiner Rohigkeit") herausarbeiten.

Er, Kant, habe das Thema hauptsächlich anhand von Religionsangelegenheiten erörtert, weil in Künsten und Wissenschaften der Monarch kein Interesse haben kann, den Vormund über seine Untertanen zu spielen. Friederich gebe hierin ein glänzendes Beispiel ab, welches noch kein Monarch vor ihm erreicht habe.

Ein größerer Grad bürgerlicher Freiheit würde, so Kant, dem Geist des Volkes „unüberwindliche Schranken" setzen. Ein Grad weniger an Freiheit erst verschaffe den Raum, sich nach eigenem Vermögen zu entwickeln. Meint Kant die notwendige Begrenzung der Freiheit, um ein geordnetes soziales Leben zu ermöglichen? Es liege in der Natur der Keim zum freien Denken. Das wirke im Volke und endlich auch auf die Grundsätze der Regierung, die Menschen in Würde zu behandeln.

Soweit Kants Aufsatz über Aufklärung.

Mendelssohn über Aufklärung

Zu den bedeutenden Persönlichkeiten, die die Aufklärung im deutschsprachigen Raum prägten, gehört der Philosoph und Seidenfabrikant Moses Mendelssohn (1729 –1786). Philosoph und Seidenfabrikant, das klingt nach großbürgerlichem Habitus, was jedoch nicht zutrifft, weder für den Start aus bitterster Not, noch für das Ende seines Lebens, als er sich selbst nach glanzvoller Karriere nicht seines bürgerlichen Status sicher sein konnte.

Das Thema, das die geistige Welt im 18. Jahrhundert in Europa am meisten beschäftigte, war die Aufklärung. Gleichwohl sei der Begriff, ebenso wie „Kultur" und „Bildung", noch nicht im allgemeinen Sprachgebrauch angekommen, meint Mendelssohn in den Einleitungssätzen zu seinem Aufsatz *Ueber die Frage: was heißt aufklären?* Er erschien in der Septemberausgabe der Berlinischen Monatsschrift von 1784. Er wurde also drei Monate vor Kant veröffentlicht. Kant betonte gleichwohl, dass er den Text von Mendelssohn nicht kannte, als er seinen Aufsatz schrieb.

Mendelssohn gibt eine erste Definition: „Bildung, Kultur und Aufklärung sind Modifikationen des geselligen [gemeint offenbar: gesellschaftlichen] Lebens; Wirkungen des Fleißes und Bemühungen der Menschen ihren geselligen Zustand zu verbessern." Je mehr Kunst und Fleiß, desto mehr Bildung. Er unterscheidet zwischen Kultur und Aufklärung. „Kultur" wird von ihm assoziiert mit Güte, Feinheit und Schönheit in Handwerken, Künsten und Geselligkeitssitten, mit Fertigkeit, Fleiß und Geschicklichkeit – insgesamt praktische Fähigkeiten. Unter Bildung versteht Mendelssohn die Gesamtheit von praktischen und theoretischen Fähigkeiten eines bestimmten Volkes. Mendelssohn nutzt hier die Mehrdeutigkeit des Wortes „Bildung", das für ihn sowohl Bildung und Ausbildung als auch die Summe beider und damit schließlich Zivilisation überhaupt ausmacht.

„Aufklärung“ hingegen scheine sich mehr auf das Theoretische zu beziehen: „auf vernünftige Erkenntnis ... und Fertigkeit ... zum vernünftigen Nachdenken, über Dinge des menschlichen Leben, nach Maaßgebung ihrer Wichtigkeit und ihres Einflusses in die Bestimmung des Menschen“. Mendelssohn setzte „die Bestimmung des Menschen“ als Maß und Ziel aufklärerischer Bestrebungen. Was ist die Bestimmung des Menschen? Eine vielzitierte Sentenz von ihm lautet: „Nach Wahrheit forschen, Schönheit lieben, Gutes wollen, das Beste tun – das ist die Bestimmung des Menschen.“ Es gelang mir nicht, die Quelle zu finden. Sei’s drum; nehmen wir diesen schönen Satz als gegeben hin.

Mendelssohn unterteilt in dem hier behandelten Aufsatz die „Bestimmung“ in die des Menschen „als Mensch“ und die des Menschen „als Bürger“. Alle praktischen Vollkommenheiten hätten nur einen Wert in Bezug auf das gesellschaftliche Leben, für den Menschen als „Mitglied der Gesellschaft“, also als Bürger. Jeder Stand und jeder Beruf erfordere andere Pflichten und Rechte, Geschicklichkeiten und Fertigkeiten. Diese Unterschiede erforderten unterschiedliche Aufklärungen. Aber die Aufklärung, die den Menschen als Mensch angeht, sei eine allgemeine.

Mendelssohn definiert hier nicht Aufklärung, sondern differenziert sie nach ihrem Zielobjekt: der Mensch, der Bürger, die Stände und die Berufsgruppen. Er will wohl sagen, jedes Objekt brauche eine andere Aufklärung, führt den Punkt aber nicht weiter aus. Auch die Aussage, „Menschenaufklärung kann mit Bürgeraufklärung in Streit kommen“, bleibt unerörtert. „Gewisse Wahrheiten, die dem Menschen, als Mensch, nützlich sind, können ihm als Bürger zuweilen schaden.“ Was ist gemeint? In einem Staat sollten wesentliche Bestimmungen des Menschen mit den wesentlichen Bestimmungen des Bürgers übereinstimmen. Es sei manchmal notwendig, dass Gesetze der Menschheit Fesseln anlegen, um sie zu beugen und unter Druck zu halten. Meint Mendelssohn, dass eine sich verbreiternde Aufklärung die damals aktuellen Staatsverfassungen bedroht? Wenn die Bedingungen des Menschen mit denen des Bürgers in Streit geraten, bedürfe es „Regeln“, wie Kollisionsfälle entschieden werden sollen.

Die Wahrheit ziere den Menschen. Wenn aber gewisse Wahrheiten nicht verbreitet werden dürfen, „ohne die ihm nun einmal beiwohnenden Grundsätze der Religion und Sittlichkeit niederzureißen; so wird der tugendliebende Aufklärer mit Vorsicht und Behutsamkeit verfahren, und lieber das Vorurtheil dulden“. Zugleich aber habe diese (falsche?) Vorsicht und Rücksicht für Jahrhunderte „Barbarei und Aberglauben“ befördert. „Allein dem ungeachtet wird der Menschenfreund, in den aufgeklärtesten Zeiten selbst noch immer auf diese Betrachtung Rüksicht nehmen müssen.“ Es sei eben schwer, die Grenze zwischen Gebrauch der Aufklärung und ihren Missbrauch zu ziehen. Mendelssohn wörtlich: „Mißbrauch der Aufklärung schwächt das moralische Gefühl, führt zu Hartsinn, Egoismus, Irreligion, und Anarchie. Misbrauch der Kultur erzeuget Ueppigkeit, Gleißnerei, Weichlichkeit, Aberglauben, und Sklaverei.“ Je höher das kulturelle und aufklärerische Niveau eines Staates, desto höher die Gefahr zu stürzen.

Mit dieser Warnung endet Mendelssohns Artikel.

Diskussion

Das „Selberdenken“ war für Kant ein hohes Gut. Ohne Zweifel war Kant ein „Selberdenker“. Aber er vergaß oder konnte sich im Moment des Abfassens seiner Schrift nicht erinnern, wie und was er in seinen frühen Jahren gelernt hat und hat lernen dürfen. Der Mensch lernt durch eigene Erfahrung, Nachahmung und Unterweisung. Gerade der junge Mensch bedarf der Lehrer und Vorbilder – seien es seine Eltern, die Erzieher im Kindergarten, die Lehrer in der Schule, seine weitere Familie und nicht zuletzt die Gruppe der Gleichaltrigen. Man lernt durch Beobachtung, durch Bücher und andere Medien der Wissensvermittlung. Man muss viel Lernen, um ein Erwachsener zu sein. Kants Aufforderung, sich der Bücher, Seelsorger und Ärzte zu entschlagen, erscheint etwas gewagt. Schon zu Kants Zeiten war das Leben in vielfältige Sparten mit ihren jeweiligen Wissensschätzen aufgeteilt. Es wäre unsinnig, sich alles selbst beibringen zu wollen; man zieht für Aufgaben, die man nicht selbst erledigen kann, Spezialisten heran.

Das Problem, welches Kant nicht so nennt, ist das der Autoritätshörigkeit. Diese ist eng verschwistert mit der Angst. Man kann Angst temperamentsmäßig mitbringen, und man kann ängstlich gemacht werden – von nahen Personen ebenso wie durch Autoritätspersonen oder eine Staatsmacht. Die Verantwortlichkeiten sind nicht leicht auszumachen. Vormünder, Helfer oder Tutoren sind nicht per se kritikwürdig. Kant selber bot sich ja als Aufklärer und Vorbild an. Aber natürlich gibt es bequeme oder geistig unflexible Menschen, die „Nichtdenker", die nicht gerne lernen wollen.

Fraglich ist, wie weit Kant die Aufklärung aufspannen wollte. Die Begrenzung auf Gelehrte und die Begrenzung gelehrter Tätigkeit auf das Schreiben erscheint heutzutage als zu eng. Das Ausüben von Kritik fasste Kant nur mit großer Vorsicht an. Sie dürfe nur nach reiflicher Überlegung, wohl geprüft, in vorsichtiger Form und wohlmeinend nur im gelehrten Modus der Abhandlung erfolgen. Die Zurückhaltung in der Kritik erscheint heute, wo jeder glaubt, mitreden zu dürfen, eine wünschenswerte Haltung. Nie wäre Kant in den Sinn gekommen, die Träger abweichender Meinungen zu schnöden, verbal anzugreifen, bösartig zu denunzieren oder gar vernichten zu wollen. Die Frage, die Kant stellte, wie weit Meinungsfreiheit gehen darf, ist nur zu berechtigt. Man kann mit unbedarfter Kritik auch Gutes zerstören. Überhaupt muss darauf hingewiesen werden, dass absolute Freiheit ins Chaos führt. Freiheit muss begrenzt werden, damit alle etwas davon haben. Das verstehen viele heute noch nicht.

Kant war wie gesagt mit der Regierungstätigkeit Friedrich II. im Großen und Ganzen einverstanden. Dieser Monarch ist bemerkenswert, weil er zum Repräsentanten eines aufgeklärten Humanismus wurde. Er rezitierte die Werke englischer und französischer Philosophen und Staatsdenker wie Morus, Bodin, Descartes, Hobbes, Locke und Voltaire. Er glaubt mit Hegel an das Wirken einer göttlichen Weltintelligenz, ohne echte persönliche Handlungsfreiheit, war aber dennoch in seinem Denken unabhängig und streng rational. Dünn besiedelte Gebiete wurden erschlossen, 300.000 Kolonisten angesiedelt, Landwirtschaft und Viehzucht verbessert, die Industrialisierung des Landes forciert, das Steuersystem reformiert und die Staatsfinanzen konsolidiert. Die Bauern blieben auf der untersten Sprosse der sozialen Leiter, aber Leibeigenschaft und Frondienste wurden abgeschafft. Ein unabhängiger Justizapparat wurde 1795 im Preußischen Landrecht eingeführt und die Folter verboten. Doch auf dem Weg zur Verwirklichung humanitärer Ideale blieb er auf halber Strecke stecken. Die strikte Ausrichtung alle Maßnahmen auf Nutzen und Machtzuwachs Preußens verhinderten eine konsequentere Verwirklichung seiner Aufklärungsideale.

Es ist also gerade die noch heute oft zitierte Forderung Kants zu relativieren, dass Aufklärung bedeutet, sich seines eigenen Verstandes *ohne die Hilfe eines Anderen* zu bedienen. Selber denken ist schwer und selten und nur wenigen vorbehalten. Die Masse muss sich an Schul- und Universitätsbildung halten, ein über Generationen aufgehäufter Wissensschatz, der ohne Hilfe Anderer niemals allein aufgenommen und verarbeitet werden kann. Im strengen Sinne war Kant auch nur partiell Selberdenker. Immer bauen große Geister und Genies auf die Leistungen ihrer Vorfahren und Vorgänger auf. Und so auch Kant.

Er setzte Hoffnungen in eine langsame, aber unaufhaltsame Verbreitung aufklärerischer Ideen, zuvörderst die Trennung von Kirche und Staat, dann aber auch die Aufweichung absolutistischer Macht. Es erstaunt, dass Kant die Entwicklungsrichtung nicht genauer beschreibt. Die Aufklärung beginnt zwar mit Religions- und Kirchenkritik, breitete sich dann aber auf die gesamt Gesellschaft aus: Es ging um den Vorrang des vernünftigen Denkens, um den Kampf gegen Illusionen und Wahnideen, um die Befreiung aller Wissenschaften von religiösen Dogmen, um eine rationale Staatsführung mit weitgehenden Freiheiten für die Bürger mit Gewaltenteilung, Gewaltmonopol des Staates, Abschaffung der Stände und Zünfte, Gleichberechtigung der Geschlechter und überhaupt um macht- und gesellschaftspolitische Reformen. Kant schrieb seine Abhandlung mit Wissen um die Amerikanische Revolution, die 1773 begann und in die amerikanische Unabhängigkeitserklärung von 1776 mündete. Darin wurden zum ersten Mal in der Geschichte des Westens fundamentale Menschenrechte wie das Recht auf Leben, Freiheit und das Streben nach Glück staatsrechtlich verankert. Kant dachte offensichtlich nicht entfernt daran, sein Aufklärungsideal mit den umstürzenden politischen Entwicklungen Nordamerikas zu verbinden. Das mag mit daran gelegen haben, dass die Aufklärung in England und Frankreich eher gesellschaftspolitisch orientiert, im deutschsprachigen Raum moralisch und erzieherisch geprägt war. (Freimaurer, 2006)

So war denn Kant allenfalls indirekt ein Wegbereiter der Französischen Revolution, die fünf Jahre nach Veröffentlichung seines Aufsatzes begann, 1789. Sie gehört zu den folgenreichsten Ereignissen der neuzeitlichen europäischen Geschichte. Die Abschaffung des feudal-absolutistischen Ständestaats sowie die Propagierung und Umsetzung grundlegender Werte und Ideen der Aufklärung als Ziele der Französischen Revolution – das betrifft insbesondere die Menschenrechte – waren mitursächlich für tiefgreifende macht- und gesellschaftspolitische Veränderungen in ganz Europa. Es entstand ein modernes Demokratieverständnis – und zugleich die Angst vor einer anarchischen Radikalisierung von Freiheit und Demokratie.

Recht vorsichtig geht auch Moses Mendelssohn vor. Anliegen der Aufklärung sei es, gesellschaftliche Zustände zu verbessern. Dazu gehören Kunst, Fleiß und Bildung. Zur Bildung gehört die Ausformung und Verfeinerung aller guten Eigenschaften eines bildungsbürgerlichen Lebens. Alle Verfeinerung des Bürgers findet nur Sinn und Zweck im Hinblick auf das gesellschaftliche Leben. Mendelssohn scheint die Sitten des gesellschaftlichen Umgangs im Auge zu haben, keineswegs die Politik. Seine Unterscheidung von „Menschenaufklärung" und „Bürgeraufklärung" bleibt unklar.

Wie weit darf der Aufklärer, wie weit darf die Aufklärung gehen? Sie dürfen auf keinen Fall beunruhigen, indem sie beispielsweise herrschende Grundlagen der Sittlichkeit und der Religiosität in Frage stellen. Dann lieber schweigen und dulden. Aber Mendelssohn schwankt, denn dieses Hinnehmen habe ja nur allzu lange Zeit Aberglauben und Barbarei begünstigt. In der Tat, die Grenzen der Aufklärung waren damals und sind noch heute schwer zu bestimmen. Und er warnt vor Hybris und Schwächung des moralischen Gefühls. Eine Warnung vor Überheblichkeit ist immer angebracht, aber eine Schwächung der Moral durch ein Zurückdrängen der christlichen Religiosität und ihrer Kirche ist nicht zu befürchten. Wie wir heute wissen, bedarf es keines Gottes, keiner Götter und keiner Kirchen, um ein moralisch guter Mensch zu sein. Man kann als Atheist glücklich, ausgeglichen, moralisch und geistig ausgefüllt sein.

Eine Welt ohne Religion ist ein elektrisierender Gedanke. In einer Welt ohne Religion würden die Zwillingsstürme von New York höchstwahrscheinlich noch stehen. Richard Dawkins fordert 2008 seinen Lesern mit John Lennon und seinem berührenden Lied „Imagine" auf, sich eine Welt ohne

Religion vorzustellen: keine Selbstmordattentäter, keinen 11. September, keine Anschläge in London, Madrid, Kopenhagen und Nizza, keine Kreuzzüge, keine Hexenverfolgung, keine Aufteilung Indiens, kein Blutbad unter Serben/Kroaten/Muslimen, keine Judenverfolgung, keine Unterdrückung Irlands durch England, keine Ehrenmorde, keine amerikanischen Fernseh-Evangelisten mit sich überschlagender Stimme, keine Zerstörung antiker Statuen, keine öffentlichen Enthauptungen, keine Steinigungen.

Mendelssohn Warnung vor Chaos und Sittenlosigkeit bei zu ausgedehnter antireligiöser Aufklärung erscheint heute als zu ängstlich. Religion ist nicht die Wurzel alles Bösen; nichts ist die Wurzel von allem. Aber ohne Religion, genauer gesagt ohne den religiösen Dogmatismus, sähe unsere Welt sicherlich humaner aus als ohnehin schon. Die großen christlichen Religionen waren gegenüber Ungläubigen über Jahrhunderte höchst blindwütig. Der Islamismus heutiger Tage gibt einen Einblick in die verheerenden Folgen religiöser Indoktrination. Atheisten hingegen dürfen stolz sein auf ihre geistige Unabhängigkeit und ihren aufgeklärten Geist. Atheismus aber hatte noch keinen Platz im Denken Kants und Mendelssohns.

2 Geschichtlicher Rückblick

Die Aufklärung war etwas gänzlich Neuartiges, ein tiefer Wandel der Ideen und der Bewertung der Vergangenheit und der Gegenwart. Sie hatte die Hoffnung, dass die Vernunft den Aberglauben, die Dummheit und die Ungerechtigkeit besiegen und die Welt schließlich in eine bessere Zukunft führen würde.

Aufklärerische Ideen reichen weit zurück. Den Höhepunkt der *Politeia* Platons bildet das Höhlengleichnis. Es ist interessant für die Themen der Bildung, der Erkenntnis und der Aufklärung, weniger für die Politik. Platons Höhlengleichnis beschreibt, wie ein Gefangener des Unwissens mehrere Stufen der Befreiung durchschreitet, bis er letztlich außerhalb der Höhle das Licht der Sonne, d. h. die Idee des Guten sieht und erkennt. Der Aufstieg aus der Höhle ans Licht ist der Prozess der Bildung und der Selbstaufklärung. Grundsätzlich wird angenommen, dass Wissen zur Einsicht und Einsicht zur Befreiung führt. Das klingt emanzipatorisch, und doch ist das Höhlengleichnis kein Gleichnis für eine universale Emanzipation des Menschen, denn aufsteigen zur Erkenntnis können bei Platon allein die Philosophen. Aber wie sollen die Philosophen die Idee des Guten der Bevölkerung vermitteln, wenn die Einsicht in die Idee nur wenigen vorbehalten ist? Und warum sollte gerade die Einsicht der Philosophen die maßgebliche, die alles entscheidende Einsicht sein? Passt die Unterscheidung von Toren und Weisen in eine aufgeklärte Philosophie? Die Weisen scheinen der Aufklärung nicht zu bedürfen, die Toren ihrer nicht teilhaftig werden zu können.

Mit Hobbes, Descartes, Spinoza und Montesquieu beginnt in Europa die frühe Aufklärung. Jeder von ihnen versuchte auf seine Weise, Vorurteile und Aberglauben zu vermeiden. Noch glaubte man, auf Gottesbeweise nicht verzichten zu können, doch erste Zweifel am Bibeltext wurden formuliert. Spinoza betonte, es habe keine Wunder und göttliche Wirkungen gegeben. Wunder ließen sich natürlich erklären. Gott habe es nicht nötig, seine Naturgesetze wundermäßig abzuändern. Spinoza war dennoch ein religiöser Mensch. Sein

Pantheismus ist bereits ein Rückzugsgefecht auf dem langen Weg des europäischen Menschen zu Agnostizismus und Rationalismus. Autoren der Aufklärung wie Diderot oder Immanuel Kant setzten größte Erwartungen in die Wirkungen von Publizität und Offenheit. Das freiheitliche Denken der Aufklärung bedurfte der Presse- und Meinungsfreiheit.

Der erste Skandal der Aufklärung: Jean-Jacques Rousseau

Mit Jean-Jacques Rousseau erhielt die Aufklärung einen heftigen Schlag. Das Werk, das Rousseau berühmt machte, ist der *Discours sur les sciences et les arts* von 1750, der „Erste Diskurs". Diese Schrift war eine Antwort auf die Preisfrage der Akademie von Dijon, ob Wissenschaften und Künste die Sitten geläutert haben. Der bis dahin völlig unbekannte Rousseau wagte es, die Frage zu verneinen. Die Aufklärung hatte ihren ersten Skandal. Die Wissenschaft, von der sich die Aufklärer und die französischen Enzyklopädisten so viel versprachen, wurde infrage gestellt. Rousseau stellte die These auf, dass der Mensch von Natur aus gut sei und dass es nur an der Zivilisation und ihren Einrichtungen liege, wenn die Menschen böse werden.

Kaum, dass die Aufklärung Fuß gefasst hatte, verwarf Rousseau sie. Die Kritik der Gelehrsamkeit verpackte er in eine höchst gelehrte Abhandlung. Das Lob des einfachen Lebens, die *Vita contemplativa*, pries er in einem kunstvollen Essay. Rousseau wollte beweisen, das Wissen und Laster zusammengehören. Wissenschaft und Kunst seien aus den Lastern der Menschheit entstanden. Die Beredsamkeit stamme aus der Ruhmsucht, der Schmeichelei und der Lüge. In einer Abhandlung, die durch und durch beredsam ist, verneint er die Rhetorik. Worauf es ankomme, sei ein reines Herz und gute Taten. Er veröffentlichte mehrere Bücher, in denen er den Buchdruck ablehnte. Durch den Buchdruck seien die schädlichen Träumereien der Philosophen verbreitet worden. Namentlich nannte er Hobbes und Spinoza. Hinter höflichen Umgangsformen witterte er Verstellung, Argwohn, Furcht, Kälte und Hass. Die Menschen würden sich verstellen, sie zeigten sich nicht mehr so, wie sie sind. Er pochte pathetisch auf Aufrichtigkeit und Ehrlichkeit, so als ob dessen Verabsolutierung nicht das Ende allen kultivierten Umgangs mit sich bringen müsste. Er wollte seine Landsleute darüber aufklären, dass die Aufklärung gescheitert sei. Sein Plädoyer gegen Wissenschaften und Künste geriet manchmal in gefährliche Nähe zu einem Aufruf zur Bücherverbrennung.

Zugleich verfasste der Antiaufklärer Rousseau eines der wichtigsten Werke der Aufklärung: *Contrat social* (Der Gesellschaftsvertrag, 1762). Es ist Rousseaus politisches Manifest. Dort heißt es gleich in den einleitenden Sätzen: „Der Mensch ist frei geboren, und doch ist er überall in Fesseln." Der Naturmensch war frei, der zivilisierte Mensch lebt in Unfreiheit. Der durch einen Gesellschaftsvertrag zustande gekommene Staat ist in seinem gegenwärtigen Zustand entartet. Man habe vergessen, dass das Volk der rechtmäßige Souverän sei, welcher der Regierung gegenüber, sei sie aristokratisch, monarchisch oder demokratisch, der eigentliche Auftraggeber ist.

Regierungen neigen dazu, alle Macht an sich zu reißen. Sofern das geschehen ist, habe das Volk das Recht, seinen „Auftrag" zurückzuziehen und die selbstherrliche Regierung zu stürzen. Man versteht gerade aus dieser Schlussfolgerung, wieso der *Contrat social* zum Evangelium der reinen Demokratie werden konnte. Es ist ein Werk von nicht mehr als 72 Seiten, ein Wegbereiter einer Demokratietheorie und ein Legitimationsmodell von Herrschaft. Rousseau lieferte eine Legitimation von Recht und Staat, die auf Vereinbarung gegründet ist. Es gebe kein Naturrecht, Recht lasse sich nicht aus der Natur ableiten. Recht entstehe vielmehr durch Vereinbarung. Erst recht lasse sich Recht nicht durch Gottes Willen legitimieren. Der Gemeinwillen wird ermittelt durch Abstimmung. Die erste und wichtigste freie Entscheidung (und möglicherweise die letzte) ist die Unterwerfung unter das Gesetz und den Souverän. Jeder gibt seine Meinung und seine Stimme ab. Aus der Berechnung der Stimmen ergibt sich der Gemeinwille.

Wie der „natürliche Mensch" ist auch der *Gesellschaftsvertrag* ein Gedankenexperiment. Es geht zu dem fiktiven historischen Punkt zurück, als die erste Vereinbarung getroffen wurde. Nur durch Vereinbarung könne der von Natur aus freie Mensch an den Staat gebunden werden. Kann ein Volk seine Freiheit an einen Monarchen abtreten? Daraus entsteht ein Paradox. Können sich freie Menschen in freier Entscheidung in Knechtschaft begeben? Kann die Freiheit durch einen freien Akt aufgegeben werden? Rousseau wollte mithilfe einer Vertragstheorie eine republikanische Ordnung begründen. Aber Rousseaus Vertragstheorie ist nicht in sich schlüssig. Wie kann man sich binden und doch angeblich frei bleiben wie zuvor? Wie kann man nur „sich selbst gehorchen", wenn man in eine Gemeinschaft mit anderen tritt? Was passiert, wenn man als Einzelmensch einen solchen Vertrag nicht schließen möchte? Muss man auch jenen Gesetzen gehorchen, denen man nicht zugestimmt hat?

Ein gemeinschaftlich verfasstes Recht muss bindend sein und begrenzt ganz automatisch eine als absolut gesetzte Freiheit. Wer unter dem Gesetz steht, kann nicht vollumfänglich frei und autark sein. Selbst wenn die Bürger einer Meinung wären und sie ihre Gesetze einstimmig verabschieden würden, stellt sich die Frage nach dem Gehorsam. Entweder man bleibt autonom, dann bedarf es keines Vertrages. Oder man unterschreibt einen Vertrag, und bindet sich an ihn. Dann ist zumindest die absolute Autonomie nicht mehr gegeben.

Rousseau erkannte das Problem der Einstimmigkeit für den Gesellschaftsvertrag. Aber er hatte keinen akzeptablen Vorschlag zur Lösung des Minderheitenproblems. Es gebe eine Gehorsamspflicht, sagt er. Der Gehorsam muss im Zweifelsfall durch Zwang hergestellt werden. Die freie Entscheidung, den Gesellschaftsvertrag abzulehnen, wird in seinem System nicht toleriert. Rousseaus Staat wird zur Diktatur. Aber er hatte den einst so starken Glauben an die göttliche Legitimierung der Monarchen verabschiedet. Die Vertragstheorie Rousseaus ist im einzelnen höchst problematisch, doch indem er eine Vertragstheorie entwarf, ebnete er den Weg hin zur Herrschaft der Gesetze. Der Souverän ist nicht mehr ein Monarch von Gottes Gnaden, sondern das Volk. Aristokratie und Monarchie haben bei Rousseau keinen Platz. Das Volk gibt sich selbst die Gesetze.

Das Zeitalter der Aufklärung

Mit dem Begriff „Aufklärung" brachten die gebildeten Zeitgenossen des späten 18. Jahrhunderts den Anspruch ihrer eigenen Epoche auf den Begriff. Obwohl die Zahl der Aufklärer klein war, so hat die Aufklärung die europäische Kultur bereichert und grundlegend geprägt. Die Aufklärung hat in den Ländern, in denen sie eine gewisse Wirkung entfaltete – England, Frankreich, Deutschland –, eine vernunftorientierte Mentalität und eine argumentative Kritikfähigkeit erzeugt, die noch heute wirkt. Viele Errungenschaften der Aufklärung – Bildung, Gemeinschaftsfähigkeit, Kosmopolitismus, Solidarität,

Vernunft, Freiheit, universale Rechte – haben sich seitdem etabliert. Diese Maßstäbe gelten heute als allgemeinverbindlich, vielleicht sogar als die einzig richtigen. Wer als klug gelten will und geachtet werden möchte, muss „aufgeklärt“ sein.

Die Aufklärung wurde vorbereitet von einer ganzen Reihe berühmter Namen: Voltaire, Montesquieu, Jonathan Swift, dem Religionskritiker David Hume, dem Philosophen und Staatstheoretiker John Locke, in Deutschland von Gottfried Ebrahim Lessing, dem Prediger der religiösen Toleranz, und dem Berliner Verleger Friedrich Nicolai, in Italien von Cesare Beccaria. Dessen Buch *Über Verbrechen und Strafen* (*Dei delitti e delle pene*, 1764) löste eine Diskussion über die Reform des Strafvollzugs aus. Dessen Kern stellt ein grandioses Plädoyer für die Abschaffung der Todesstrafe dar. Beccaria argumentierte, einen Menschen zu foltern bedeute, ihn *vor* einem Urteil zu bestrafen. Solange aber zweifelhaft ist, ob einer schuldig oder unschuldig sei, gebe es keinen rationalen Grund zu strafen. Folter können niemals Schuld oder Unschuld beweisen. Obwohl diese Argumentation rational ist, taten sich die Monarchen schwer, auf Folter zu verzichten (Körber, 2006, S. 183). Friedrich der Große schaffte sie 1754 ab, Baden beseitigte die Folter 1776, Mecklenburg 1769, Dänemark 1770, Frankreich 1789. Die verhängten Strafen aber blieben oftmals noch grausam. Die Aufklärung stellte diese Selbstverständlichkeit infrage, einmal wegen einiger spektakulärer Justizirrtümer, über die eine zunehmend befreite Presse informierte[1], zum anderen, weil die Folter dem naturrechtlich begründeten Leidens- und Schmerzensverbot widersprach. Auch Lessing sah die Verwüstungen, die Hass und Fanatismus im Namen der Religion angerichtet haben. Aber auch Lessing war kein Revoluzzer. Er setzte auf die langsame *Erziehung des Menschengeschlechts*, so der Titel einer Aufklärungsschrift von 1780.

---

[1] Die Pressefreiheit wurde eine zentrale Forderung. Die älteste gelehrte Zeitschrift Deutschlands hieß „Journal der Wissenden“ („Journal des Savants“, 1665ff.) (Aufklärung, HWPh Bd. 1, S. 625). Um 1720 erschienen die ersten gedruckten Nachrichtenblätter. Durch neue Drucktechniken wurde das Buch zur Massenware. Die Anzahl gedruckter Werke nahm zu, die Auflagen stiegen, die Preise sanken. Lesegesellschaften und öffentliche Bibliotheken verbreiteten die neuen Ideen. Die sakrale Literatur trat zurück, der Anteil der Belletristik wuchs.

Solche Texte bewirkten, dass der Toleranzgedanke ein unmittelbar lebendiger Bestandteil aufklärerischer Bildung und Weltanschauung wurde und nicht mehr zur Ruhe kommen sollte. In der Lehre der Toleranz, der Menschlichkeit und Menschenliebe (*humanité*) liegt der Schlüssel für die Grund- und Hauptsätze der Aufklärung (Aufklärung, HWPh Bd. 1, S. 624). Die große Enzyklopädie von Denis Diderot und Jean-Baptiste d'Alembert vermochte die verschiedenen Ströme aus Philosophie, Geschichte, Politik und Naturwissenschaften in sich aufzunehmen. Die Herausgeber waren eine kleine Gruppe von Aristokraten und Intellektuellen. Die insgesamt rund 200 Mitarbeiter rekrutierten sich aus Handwerkern, Verwaltungsbeamten, Offizieren, Ingenieuren, Ärzten und Professoren (ebd., S. 629). Aufklärer waren studierte, wissenschaftlich gebildete Leute: Lehrer an Gymnasien und Lateinschulen, Pfarrer, Jesuiten, Lehrpersonal an Akademien und höhere Beamte in der Verwaltung. Unter ihnen waren einige Bildungs- und Justizminister.

Die Politik absolutistischer Herrscher galt Aufklärern als unvernünftig, unfrei und unmoralisch. Gleichwohl wurde die Monarchie, die seit Menschengedenken politischer Normalzustand war, von den Aufklärern nur zögernd und erst spät infrage gestellt. Eine Strömung der Aufklärung versuchte, absolutistische Herrscher für liberale Reformen und die Verbreitung von Tugend und Verstand zu gewinnen, was teilweise gelang. Eine andere Strömung hielt die absolutistische Monarchie für das Haupthindernis aller Weltverbesserung, welche direkt zu bekämpfen sei, und sei es mit einer Revolution. Die weitaus meisten Aufklärer folgten zunächst dem aussichtsreicheren Weg des langsamen, aber beharrlichen Wandels. Erst nach der französischen Revolution sprach sich eine Reihe von Aufklärern für eine demokratische Republik aus.

Die gegenseitige Aufklärung erfolgte über Schriften und das Gespräch. Es bildeten sich Institutionen, in denen diese vernunftgelenkte, aufklärende Debatte stattfinden konnte: die Salons in Berlin und Paris, die englischen Debattierclubs, die Lesegesellschaften, das Wiener Kaffeehaus und die Freimaurerlogen. Hier wurden die ständisch vorgegebenen Rollen durchbrochen. Man lernte sich „als Menschen" kennen. In den Salons waren Frauen zugelassen, in den Debattierclubs nicht. Erst jetzt bildete sich ein Publikum im Sinne einer Öffentlichkeit. Ihre Orte konnten nur die größeren Städte sein – Paris,

Berlin, London, Wien. Es gab Reformpädagogen und Reformlandwirte, deren Vorschläge punktuell umgesetzt wurden.

Aufklärung ist kein Selbstläufer. Sofern Aufklärer ihre Erkenntnisse über den Kreis dieser Salons und Clubs hinaus verbreiten wollten, stießen sie oftmals auf Ablehnung und Unverständnis. Die schmale Elite der Aufklärer und der große Rest der Bevölkerung verstanden sich oftmals nicht. Voltaire drehte dann den Spieß um: Es gehe ihm nicht darum, „Laufburschen und Dienstmädchen" aufzuklären. Sein Publikum lag woanders. Die Logen schotteten sich von vornherein von der übrigen Bevölkerung ab. Damit schützten sie in Zeiten des Ständewesens und der Zensur ihre freigeistigen Mitglieder. Sie hatten nicht den Anspruch, in der Öffentlichkeit zu wirken. Bei ihnen stand vielmehr die persönliche Selbstvervollkommnung im Mittelpunkt. Es gab immer noch Männer, die behaupteten, dass Frauen generell nicht aufgeklärt werden könnten, ja gar nicht werden sollten, weil ihnen sonst die spezifische Weiblichkeit verloren gehe. Dieses Argument war alles andere als aufklärerisch. Hier wurde etwas biologisch begründet, was tatsächlich wirtschaftliche Ursachen hatte. Frauen kamen weniger in den Genuss von Bildung und hatten sich vornehmlich um den Haushalt zu kümmern. Sie hatten weniger Zeit zur Muße. Es gab aber auch offene Salons und Clubs, wie beispielsweise die Hamburger Patriotische Gesellschaft, die Verbesserungen für die Stadt diskutierten.

Vernunft und Verstand

Maßstab und Richtschnur war den Aufklärern einzig die „Vernunft". Ohne Vernunft keine Aufklärung (Körber, 2006, S. 175). Vernunft ist ein zentraler Begriff in der Philosophie, doch der Begriff blieb unbestimmt. Er hat in Kombination mit dem Begriff „Verstand" im Laufe der Geschichte von der griechischen Philosophie über das christliche Mittelalter bis in die Neuzeit einen Wandel erfahren.

Kant formulierte in seiner *Kritik der reinen Vernunft* von 1781 Vernunft und Verstand so, wie sie heute weitgehend üblich geworden sind. Danach ist Vernunft das oberste *Erkenntnisvermögen*, das den Verstand, mit dem die *Wahrnehmung* strukturiert wird, kontrolliert und diesem Grenzen setzt bzw. dessen Beschränkung erkennt. Der Verstand erfasst Sachverhalte durch Beobachtung und Erfahrung und die Vernunft schlussfolgert daraus universelle Zusammenhänge der Wirklichkeit. Vernunft und Verstand ermöglichen es, Bedeutungen zu erkennen, Regeln und Prinzipien aufzustellen und unter angemessener Verwendung dieser Erkenntnisse rational zu handeln. Vernunft und Verstand sind damit die wichtigsten Mittel der geistigen Reflexion und die wichtigsten Werkzeuge der Philosophie. In der Umgangssprache werden Vernunft und Verstand freilich selten streng voneinander getrennt.

Wie kommt Vernunft in den Menschen? Gibt es einen Nukleus von Erkenntnisvermögen und rationalem Denken schon im Embryo? Oder kommt der Mensch als unbeschriebenes Blatt auf die Welt, als ein Gefäß, in welchem sich Erfahrungen sammeln? Und wie ist das Verhältnis von außen kommender Erfahrung zur inneren Reflexion? Wann ist eine Erkenntnis adäquat der Wirklichkeit? Wie verhält sich Erkenntnis zur Intuition? Oder braucht der Mensch nicht doch angeborene Eigenschaften, um Vernunft und Verstand zu entwickeln? Es gibt den scholastischen Grundsatz „nihil est in intellectu, quod non fuerit in sensu" – nichts ist im Verstande, was nicht vorher durch die Sinne gegangen ist. Anders gesagt: Alle unsere Erkenntnis beruht auf verarbeiteten Sinneseindrücken. Leibniz aber fügte hinzu: „excipe: nisi intellectus ipse" – ausgenommen der Verstand selbst (Vernunft; Verstand; HWPh Bd. 11, 812). Der Mensch braucht eine Grundlage, um Vernunft und Verstand zu entwickeln. Diese grundlegende Fähigkeit zum Erkennen und zur Verarbeitung dieser Erkenntnis wird ihm biologisch mitgegeben. Wir stehen vor dem Paradox, dass der Mensch Verstand braucht, um Verstand zu entwickeln – genauer: Er braucht ein Quäntchen Verstand, um darauf aufzubauen und daraus mehr zu machen.

Sinnesorgane sind in der Lage, Informationen aus der körperlichen Innenwelt und aus der Umwelt auszunehmen; das Gehirn ist der Ort der Verarbeitung. Das wenigste, was wir als erwachsener Mensch wissen, stammt dabei aus eigener Anschauung; das meiste wird lernend und nachahmend aufgenommen. Der scholastische Grundsatz bleibt damit gültig: Das Lernen, auch das Erlernen so abstrakter Phänomene wie Vernunft und Verstand, erfolgt über Auge und Ohr.

Philosophen des 17. Jahrhunderts wie Spinoza und Descartes hatten ihre Philosophie auf der Annahme aufgebaut, dass man Kraft der Vernunft dahin kommen müsse, die Existenz eines Gottes anzunehmen. Bei Kant ist dieser

Gedanke zwar noch nicht völlig verschwunden, aber er fristet ein ärmliches Dasein: Die Vernunft könne in keinem ihrer Aspekte die Existenz Gottes beweisen oder widerlegen. Spätestens seit Kant hat Gott mit der Vernunft nichts mehr zu tun. Vernunftfähigkeit wird mit Kant eine rein menschliche Fähigkeit, ebenso wie bei Rousseau die Politik (die Vertragstheorie) eine rein menschliche Angelegenheit wird. Die Fähigkeit zur Vernunft ist angeboren, aber sie ist nicht bei allen gleich. Das sieht man schon an den unterschiedlichen Lebensaltern. Kinder handeln aus der Sicht der Erwachsenen oft unvernünftig. Vernunft entwickelt sich erst, sie muss ausgebildet werden. Ist jeder Mensch dazu fähig? Die aufklärerische Haltung mit dem Ziel der Mündigkeit muss erworben werden, sie ist nicht angeboren.

Auf die Vernunft könne man sich nur verlassen, wenn man sich auf die Sinne verlassen kann. Kann man das? Kant folgte nicht John Locke. Die Sinne können uns täuschen. Kant zog damit eine Grenze des menschlichen Erkenntnisvermögens. Sinneseindrücken dürfe man nur dann trauen, wenn viele andere Menschen diese unter gleichen Bedingungen auch haben. Sinneseindrücke sind subjektiv, müssen aber intersubjektiv nachprüfbar sein. Wenn wir uns bei der Vernunft nur auf unsere Sinne verlassen, müssen wir vorsichtig sein. Insbesondere verraten uns die Sinne nichts über die Dinge „an sich“.Die äußere Erscheinung, das Phänomen, kann uns nichts über das „Wesen“ des Dinges sagen. Johann Caspar Lavater behauptete, dass man aus den Gesichtszügen und der Schädelform eines Menschen auf dessen Charaktereigenschaften schließen könne. Das war ein Irrweg der Vernunft.

Die Rolle der Naturwissenschaften

Das exemplarische Beispiel für den Gebrauch von Vernunft und Verstand und ihre segensreiche Erkenntniswirkung lag in den Naturwissenschaften, die sich seit dem 16. Jahrhundert mehr und mehr als eine eigene geistige Macht etabliert hatten. Die durch Vernunft erkennbare Natur wurde Norm und Wahrheitskriterium. Die Naturwissenschaften verpflichteten sich auf drei Hauptgrundsätze: Lernen durch Beobachtung und Experiment (Empirie), Erklären und damit Theoriebildung aufgrund logischer und widerspruchsfreier Schlüsse (Rationalität) sowie Anwendung der wissenschaftlichen Erkenntnisse zum Nutzen der Menschen (Utilitarismus) (Körber, 2006, S. 204).

Das Vokabular des Zeitalters der Entdeckungen bestand aus Begriffe wie Fakten, Experimente, Gesetze, Hypothesen, Theorien, Beweise und Urteile.

Es kennzeichnet die Moderne, dass sie von der Hoffnung und dem Impetus getragen ist, dass sich mithilfe der Wissenschaften, der wissenschaftlich basierten Technik und einer rationalen, durch Wissenschaft angeleiteten Politik die politischen, sozialen und kulturellen Verhältnisse allmählich zum immer Besseren hin wenden lassen. Die Aufklärung hat diesen Impetus ganz entschieden befeuert. Aufklärung ist pragmatisch. Die Erfolge der praktisch-technischen Naturbeherrschung auf der Grundlage neuer empirischer Methoden führten zu einem begeisterten Fortschritts- und Machbarkeitsoptimismus. Nützlichkeit wurde zu einem weiteren Maßstab. Die Glückseligkeit des ganzen Menschengeschlechts schon auf Erden rückte in greifbare Nähe. Die Natur verlor ihren Schrecken und ihre Unberechenbarkeit. Der Blitzableiter verwies den blitzeschleudernden Zeus ein für alle Mal in das Reich der Mythen.

Das Streben nach dem größtmöglichen Glück der größtmöglichen Zahl kommt in der Aufklärung zu besonderen Ehren. Nach aufklärerischer Überzeugung gilt das als vernünftig, was möglichst vielen Menschen ein möglichst gutes und angenehmes Leben verschafft. Willkürlich Leiden hervorzurufen oder vermeidbare Leiden passiv dulden, ist vernunftwidrig. Dieses Argument spielte eine Rolle bei den Bemühungen, die Sklaverei und die Folter im Strafprozess abzuschaffen. Bis in die Neuzeit hinein galt Folter als legitimes Mittel, um ein Geständnis zu erzwingen, und das Geständnis wiederum galt als legitime Grundlage einer grausamen Bestrafung. Und der Fortschritt macht nicht halt. Den Menschen geht es im Schnitt besser als je zuvor, auch wenn die Propheten der Apokalypse das nicht wahrhaben wollen. Ein immer größerer Anteil der Menschen kann lesen und schreiben, die Kinder bald ging zurück, und wir leben in einer der friedlichsten Zeiten der Geschichte.

Aufklärung in der Defensive

Der Erfolg der Aufklärung war nicht immer gegeben und oftmals gefährdet. Die einstmals offensive Aufklärung – ohnehin nur ein europäischen Projekt und welthistorisch gesehen eine Anomalie – geriet gegen Ende des 18. Jahrhunderts in die Defensive. Mit selbstgewählter Aufklärung und Bildungsbereitschaft wuchs der Abstand zum Volk, welches in Magieglauben verharrte. Die deutschen Aufklärer (Wolff, Kant) hatten etwas Pedantisches, Nüchternes, Schulmeisterliches und Trockenes. Die Französische Revolution schien zunächst grundlegende Forderungen der Aufklärung zu erfüllen. Als aber in Paris der König hingerichtet wurde und der Terror Feind und Freund vernichtete, wandelte sich das geistige und politische Klima schnell. Die Eroberungskriege Napoleons riefen starke nationale Widerstände hervor, die restaurativ und konservativ waren. Der Traum vom vernünftigen Weltbürger kollidierte mit der Realität von Nationen und Völkern. Überall auf der Welt wurde und wird kräftig gebetet und geglaubt: Islam und Islamismus, Taliban, aggressiv ethnischer Hinduismus, jüdische Selbstüberhebung, orthodoxes Christentum in den USA wie in Russland. Der Mensch lebt nicht nur von Brot allein, sondern scheint beharrlich der spirituellen und surrealen Riten bedürftig.

Die Dialektik der Geschichte erzwang geradezu eine Gegenbewegung gegen das Primat der Vernunft. Diese fand ihre Form im Pietismus. Wenn man Gott nicht mit der Vernunft finden kann, so doch mit den Seelenkräften. Der Pietist spürt die Existenz Gottes in seinem Gemüt, in seiner Empfindung, in seinem Gefühl. Das tiefe, ehrliche Gefühl könne nicht täuschen. Vernunftkult und Empfindsamkeitskult erschienen in Europa nahezu gleichzeitig. In der gefühlten Gewissheit glaubte man, die Wahrheit in sich zu vernehmen. Das unmittelbare und starke Gefühl der Gewissheit, das keiner Beweisgründe bedarf, machte den Weg frei zurück zum Irrationalen. Die Einsicht in die Wahrheit wird *gefühlt*, nicht begründet. In der gefühlten Gewissheit glaubt man, die Wahrheit in sich zu vernehmen. Der Verstand wird zum Handlanger der Neigung.

Die Aufklärung verschärfte den Gegensatz zwischen Konservatismus und Modernismus, Vergangenheitsorientierung und Zukunftsoptimismus, Tradition und Emanzipation. Viele fürchteten die Zerstörung einer haltgebenden Religion durch den Positivismus und dessen immanente Tendenz zum Atheismus. Die Sinnfrage verlangte weiterhin nach anderen Antworten als Ratio, Empirie und Materialismus. Die Aufklärung, obwohl sie sich immer wieder auf die Wissenschaft beruft, ist selbst keine Wissenschaft, meint Schneiders. „Im Grunde ist Aufklärung als Orientierungswissen oder Orientierungsversuch eine Antwort auf die (angesichts des Verlustes der religiösen Gewissheiten) durch die Wissenschaft sichtbar gewordene Sinnfrage." (Schneiders, 2014, S. 12)

Die Sinnfrage wird unterschiedlich beantwortet. Ist es tatsächlich eine Schwäche der Aufklärung, dass sie ihre ethischen Wertnormen nicht mit dem Rückgriff auf Vernunft belegen kann? Wie auch immer man die Lösbarkeit und Unlösbarkeit des Letztbegründungsproblems beurteilen mag, wenn es nicht mit der Vernunft gelöst werden kann, dann gibt es auch keine andere Möglichkeit, es zu lösen. (Arnold, 2005, S. 27) Insbesondere ist es nicht möglich, ethische Normen religiös oder mythisch zu begründen. Mit Berufung auf die Religion lässt sich jede Moral, eine so gut wie die andere, rechtfertigen, ohne dass irgendwelche bestimmten moralischen Normen auf diese Weise als die einzig gültigen ausgezeichnet werden könnten. Schlechterdings jede Moralphilosophie hat das Problem, dass sie ihre Normen nicht letztbegründen kann.

Die Frage nach den Möglichkeiten und Grenzen der Erkenntnis begleitete die Aufklärung von Anfang an. Das forderte zu einer Vernunft- und Aufklärungskritik heraus. Romantik, politische Restauration, Pietismus, Lebensphilosophie und philosophischer Idealismus wandten sich Gottesahnung, Religion, Mystizismus, Innerlichkeit, Geheimnis, Gefühl, Intuition, Metaphysik und Illiberalität zu. Die Verstandeskultur erschien ihnen oberflächlich, kalt und abstrakt. Die Gegenaufklärung zielte auf die sittliche Bildung des Herzens. Diese überließen sie den Theologen. Die Gegenaufklärer verzichteten dezidiert auf das „Selberdenken" und folgten willig spirituellen und religiösen Führern. Eine Veränderung der menschlichen Gemeinschaft im Hinblick auf das Wohl, die Glückseligkeit und den Nutzen der Menschheit interessierte sie kaum noch.

Als die Industrialisierung den Menschen Angst einjagte, entstand die Lebensreformbewegung. Eine der Reaktionen auf den Vietnamkrieg war der New-Age-Spiritualismus. Globalisierungsängste beantwortete US-Präsident Donald Trump mit „America first" und einer Lawine von Schmähungen und Lügen. Während der Corona-Pandemie liefen viele Impfkritiker Verschwörungsmystikern in die Armen, bis hin zu QAnon-Sektierern. In Krisenzeiten entfaltet Esoterik als Welterklärungsmodell offenbar eine besondere Anziehungskraft. Angesichts einer Nuklearbedrohung wird Reiki (Handauflegen) ebenso empfohlen wie eine „Darmsanierung". Erfolg verspreche auch, der

Radioaktivität „mit gesunden Emotionen“ zu begegnen. Was steht uns an Entwissenschaftlichung und entschiedener Verdummung wohl noch bevor?

Wie schon Rousseau, so arbeitet die Gegenaufklärung – sofern sie keinen Salto mortale ins Dogmatische oder Irrationale macht – mit den Mitteln der Aufklärung, mit Medien und der Öffentlichkeit. Kritik der Aufklärung setzt freilich Freiheit und Vernunft voraus, zwei Errungenschaften der Aufklärung. Ohnehin ist „Kritik“ ein Losungswort der Aufklärung. Somit ist Aufklärungskritik Aufklärung über Aufklärung. Die schärfste Kritik der Aufklärung in der Neuzeit formulierten die Philosophen Max Horkheimer und Theodor W. Adorno, Erfinder der „Kritischen Theorie“ und herausragende Vertreter der „Frankfurter Schule“.

3 Horkheimer und Adorno: Dialektik der Aufklärung

Horkheimer und Adorno erkannten in der großartigen menschlichen Vernunft nur eine Kümmerform, die „instrumentelle Vernunft". Diese Vernunftvariante sei auf die Beherrschung und Unterwerfung der Natur gerichtet. Hauptthese des Werks *Zur Kritik der instrumentellen Vernunft* aus dem Jahre 1947 ist die Behauptung, die Herrschaft über die äußere Natur schlage auf die innere Natur des Menschen zurück. Je mehr der Mensch die äußere Natur unterwerfe, umso mehr unterdrücke er seine innere. Die Erde und die auf ihnen lebenden Menschen seien durch und durch krank. Nur die Kritische Theorie könne diese Wahrheit erkennen.

In der *Dialektik der Aufklärung* von 1944 stellten Horkheimer und Adorno die Frage, ob die Vernunft noch in der Lage ist, Mensch und Welt zu befreien. Es gibt die historische Epoche der Aufklärung, aber es gibt auch totalitäre Regime und Weltkriege. Ist die Aufklärung schuld?

Anlass für ihr Buch war die Barbarei des Nationalsozialismus. Die Diagnose des Buches reicht aber über die deutschen Verhältnisse hinaus und umfasst auch die Verhältnisse in den USA, wo die beiden Migranten lebten. Strukturell, so eine ihrer weiteren Thesen, sind die Phänomene der amerikanischen Kulturindustrie der deutschen Barbarei vergleichbar. In beiden Fällen war aus der Aufklärung deren Gegenteil hervorgegangen. Befreiung schlug in Unterdrückung um. Das ist die „Dialektik der Aufklärung".

Die Aufklärung hat viele Väter und viele Ziele. Horkheimer und Adorno greifen einen Punkt heraus: Die Herrschaft des Menschen über die Natur. Die Natur ist organisiert nach Naturgesetzen. Die an Rationalität orientierte Aufklärung bewirkte einen ungeheuren Erkenntnisschub in den Naturwissenschaften. Ihr gemeinsamer Nenner sei die mathematische Vereinheitlichung. Die Zahl und das Zählen würden den Kern der Aufklärung bilden. Die zunehmende Beherrschung der Natur wirkt sich auf die Gesellschaft aus. Alle Dinge bekommen ihren Tauschwert (d. h. ihre Zahl). Das Individuelle und die

Besonderheit werden verstümmelt, Imagination und Intuition verstummen. Drastisch formulieren die Autoren, dass die dadurch bewirkte „Regression" die „Erfahrungswelt der Völker tendenziell wieder der der Lurche anähnelt" (2008, S. 36). In einem Satz: Die Befreiung von der Gewalt äußerer Natur ist nur um den Preis der Unterdrückung der inneren Natur zu haben. Auf beiden Ebenen sei die Aufklärung äußerst erfolgreich.

Der Faschismus gilt den Autoren als Triumph der repressiven Egalität. Zugleich ziehen sie eine kühne Parallele zur US-amerikanischen Kulturindustrie. Diese bewirke ebenfalls eine Uniformierung, nur mit etwas sanfteren Mitteln. Alles werde gleichgemacht, mit nur geringfügigen Varianten, einerlei ob Automobile oder Kinofilme. Kultur ist nur noch Ware. Früher sei Kultur ein Gegengewicht zum Alltag gewesen. Heute wolle die Kulturindustrie nur amüsieren, damit die Arbeiter am nächsten Morgen wieder fröhlich zur Arbeit gehen. Das schlimmste aber, so Horkheimer und Adorno: Die Menschen betrügen und manipulieren sich selbst. Sie fallen auf Reklame herein und versprechen sich von der Warenwelt ein unbeschwertes Leben. Die Schraube des Konsumismus zurrt sie immer mehr fest, Reklame und Konsum machten die Menschen unglücklich und uniform.

Eine erste Fassung von *Dialektik der Aufklärung* machte 1944 die Runde. Die deutsche Fassung von 1947 zeigt erhebliche Veränderungen. Das war nötig, denn jetzt waren die totalitären Regimes in Deutschland und Japan überwunden, die bürgerlichen Demokratien hatten im Westen gesiegt, im Osten setzte sich die sowjetische Diktatur fort. Aber der Sieg der Demokratie und die Entwicklung Osten interessierten Horkheimer und Adorno nicht; sie waren fixiert auf die Kritik des westlichen Lebensstils, den sie selbst in bürgerlicher Vollendung lebten.

Unter dem Aspekt der instrumentellen Vernunft hätten Horkheimer und Adorno allen Grund gehabt, auch den Sowjetkommunismus zu kritisieren. Seine Ideologie beruhte auf der strikt rationalistischen Anwendung vermeintlich historischer Gesetze und äußerte sich unter anderem in der „Tonnenideologie" der Fünf-Jahres-Pläne. Der Marxismus glaubte Logik und Prozess der Geschichte erkannt zu haben. Mord und Gewalt im Dienste der klassenlosen Universalgesellschaft waren daher keine Tabus. Die amerikanische Kultur mag zu Recht als steril und konformistisch erscheinen, aber die sowjetisch-proletarische Kultur war es nicht minder.

Rezipiert wurde das Werk erst 20 Jahre später in der Außerparlamentarischen Opposition und der westdeutschen Studentenbewegung. Seither gilt es als grundlegendes Werk der Kritik der Rationalität. Der Philosoph Wolfgang Röd fasst die Wirkung der *Dialektik der Aufklärung* in folgenden Worten zusammen:

> „Die antirationalistische Tendenz der *Dialektik der Aufklärung* fand in einer Zeit, in der die wissenschaftliche Rationalität, die Technik und die Industriegesellschaft zunehmend auf Bedenken stießen, starken Widerhall. In dem Buch kommt jener Zweifel am Sinn des technischen Fortschritts zum Ausdruck, der schon in der Lebens- und der Existenzphilosophie angeklungen war; es trug aber auch selbst dazu bei, dass die Fortschrittsskepsis in der zweiten Hälfte des 20. Jahrhunderts dominierend wurde. Weil man vor allem auf die Wirkung dieses Buches achtete, wurde übersehen, dass die Argumentation in der *Dialektik der Aufklärung* oft unscharf, ja zweideutig, und das metaphysische Fundament unsicher ist. Horkheimers und Adornos Position heißt nicht deshalb Kritische Theorie, weil sie der Tradition der kritischen Philosophie verpflichtet gewesen wäre, sondern weil sie soziale und politische Verhältnisse kritisierte." (Röd, Bd. 2, S. 422)

Die *Dialektik der Aufklärung* besteht aus mehreren lose verbundenen Einzelaufsätzen. Diese sollen beweisen, dass die Aufklärung eigentlich schon immer gescheitert war. Exkurse über den Marquis de Sade und Friedrich Nietzsche sollen demonstrieren, dass die konsequente Aufklärung kein Argument hat gegen das Verbrechen und den Mord. Nun stehen de Sade und Nietzsche für eine Moral, die kein Aufklärer jemals vertreten würde (Arnold, 2005, S. 26). In einem weiteren Diskurs wird der Kulturindustrie vorgeworfen, Aufklärung durch „Massenbetrug" zu ersetzen. Noch in der Freizeit würden die Massen den Imperativen der Ökonomie und der Arbeitswelt unterworfen. Kultur werde zum Konsumartikel, zum Amüsement. Kunst verschmelze mit Reklame. „Persönlichkeit" bedeute kaum mehr als blendend weiße Zähne und Freiheit von Achselschweiß. Den Abschluss bildet ein Kapitel über Antisemitismus. Die Elemente des Antisemitismus werden aus dem „Wesen der herrschenden Vernunft" selber abgeleitet. Auch nach dem Ende der Hitler-

Diktatur werde der technische und wirtschaftliche Aufschwung samt seinem egalitären Konsumismus direkt zum Faschismus führen.

Die Autoren störte es nicht, dass nur wenige Nationen dem Faschismus verfielen, und die fortbestehende Sowjetdiktatur, die gewiss nicht auf den Prinzipien der emanzipatorischen Aufklärung beruhte, blendeten sie gänzlich aus. Sie legen der rationalen Wissenschaft Verbrechen zur Last, die so alt sind wie die Zivilisation: Rassismus, Sklaverei, Kolonialismus und Völkermord. Auch die marxistisch gefärbte Vorhaltung, der Antisemitismus sei in erster Linie Produkt einer kapitalistischen Gesellschaftsordnung, ist historisch abwegig. Der Antisemitismus ist älter. Kriege und Massaker in anderen Erdteilen haben nichts mit der europäischen Aufklärung zu tun.

Ein Aspekt ihrer Polemik ist das Destruktive im Fortschritt. Schuld an der allumfassenden Misere sei – neben dem Kapitalismus – die schon erwähnte „instrumentelle Vernunft". Ausgerechnet die zentrale Errungenschaft der Aufklärung, die Emanzipation vom Naturzwang, erwies sich für die beiden Autoren als Unterordnungszwang unter die Herrschaft kapitalistischer Produktion. Vernunft selbst sei „zum bloßen Hilfsmittel der allumfassenden Wirtschaftsapparatur" degeneriert. Mit ihrer Diagnose einer inneren Dialektik der Aufklärung stellen die Autoren den seit dem 18. und 19. Jh. verbreiteten Fortschrittsoptimismus in Frage. Rationale Wissenschaft führt zu Herrschaft, Aufklärung führt zu Unterwerfung.

Dem Menschen als vernünftigem Wesen seien die technischen Errungenschaften davongeeilt und über den Kopf gewachsen. Günther Anders meinte in seinem Doppelband über *Die Antiquiertheit des Menschen* (veröffentlicht 1956 und 1980), dass die Fortschritte in Zivilisation und Kultur zur Entwicklung der Atombombe geführt haben, deren Konsequenzen der Mensch nicht mehr Herr werde. Die Menschheit sei wie der Zauberlehrling in Goethes Gedicht, der gefährliche Kräfte entfesselt, die er nicht mehr einfangen kann.

Adornos und Horkheimers Denunziation de Aufklärung beruht auf einer Reihe von Denkfehlen. „Alles in allem hat sich gezeigt, dass die zentralen Thesen der ‚Dialektik der Aufklärung' unter wissenschaftlichen Gesichtspunkten betrachtet schlichtweg falsch sind." (Arnold, 2005, S. 28). Der Rückfall in Mythologie und Barbarei geht nicht auf das Konto der Aufklärung. Die „Dialektik der Aufklärung" ist selbst mythologisch, Ergebnis einer metaphysischen Weltverachtung, eines chiliastischen Marxismus und einer vulgären Dialektik.

Man kann den übellaunigen Hypothesen von Adorno, Horkheimer und Anders eine gewisse Folgerichtigkeit nur beimessen, wenn die übrigen Aspekte des Fortschritts durch Aufklärung ausgeklammert werden. Als ob es in Moral und Ethik, also den nichttechnischen Bestandteilen unserer Zivilisation, keine Fortschritte gegeben hätte! Wurde das Leben nicht sicherer und länger? Obwohl sich das menschliche Gehirn in seinem Aufbau und seiner Funktionsweise nicht verändert hat, verändert sich die Menschheit erstaunlicherweise zum Besseren. Der britische Historiker macht in seinem fulminanten Buch über die Entwicklung Europas nach 1950 auf den Unterschied aufmerksam. Er schreibt:

> „Rassistische Ansichten und offen rassistische Diskriminierung wurden [früher] weithin akzeptiert und kaum als der Rede Wert betrachtet. In Europa lebten nur wenige Menschen nichtweißer Hautfarbe. Die Todesstrafe war noch in Kraft und wurde bei schwersten Verbrechen auch vollstreckt. Homosexualität war kriminalisiert, Abtreibung verboten. Die christlichen Kirchen besaßen beträchtlichen Einfluss, und die Gottesdienste waren noch recht gut besucht." (Kershaw, 2019, S. 18)

Der Historiker David Wootton führt uns die Weltsicht eines gebildeten Engländers im Jahre 1600 vor Augen:

> „Er glaubt, dass Hexenstürmer heraufbeschwören können, die Schiffe untergehen lassen. ... Er glaubt an Werwölfe, obwohl es in England keinen einzigen gibt – er weiß, dass sie in Belgien ihr Unwesen treiben. ... Er glaubt, dass Circe Odysseus' Mannschaft wirklich in Schweine verwandelt hat. Er glaubt, dass Mäuse spontan in Strohhaufen erzeugt werden. Er glaubt an zeitgenössische Zauberer. ... Er hat das Horn eines Einhorns gesehen, aber kein Einhorn. Er glaubt, dass ein Mordopfer in der Gegenwart des Mörders zu bluten beginnt. Er glaubt, dass eine durch einen durch verursachte Wunde heilt, wenn man den Dolch mit einer bestimmten Salbe bestreicht. Er glaubt, dass Form, Farbe und Beschaffenheit einer Pflanze einen Hinweis auf ihre Heilkraft geben können, weil Gott die Natur so geschaffen hat, dass der Mensch sie

richtig deuten kann. Er glaubt, dass sich unedles Metall in Gold verwandeln lässt, auch wenn er bezweifelt, dass irgendwer weiß, wie das geht. Er glaubt, dass die Natur eine Abneigung gegen die Leere [Vakuum] hat. Er glaubt, dass der Regenbogen ein Zeichen von Gott ist und Kometen ein Unheil ankündigen. Er glaubt, dass Träume die Zukunft weissagen wenn wir nur wissen, was sie uns sagen sollen. Und natürlich glaubt er, dass die Erde still steht und sich Sonne und Sterne alle 24 Stunden einmal um die Erde drehen." (Wootton, 2015, S. 6f.)

Heute glaubt ein gebildeter Engländer nichts mehr davon. Es war ein Entrinnen nicht nur von Ignoranz und Dummheit, sondern von Angst und Schrecken. Heute bildet die multikulturelle Gesellschaft die Norm. Die Todesstrafe ist abgeschafft. Gleichgeschlechtliche Ehen und Abtreibung werden weithin akzeptiert. Der aufgeklärte Westen steht für Menschlichkeit, Würde, Selbstachtung und Wahrheitsliebe. Westliche gesellschaftliche und kulturelle Fortschrittsmuster verbreiten sich in der gesamten entwickelten Welt. Die Mordraten liegen deutlich niedriger im Vergleich zu früheren Jahrhunderten. Kinderarbeit und Sklaverei sind abgeschafft. Zwangsehen, Genitalverstümmelung, Frauenmisshandlung, Polygamie oder Witwenverbrennungen sind geächtet, ebenso die Verfolgung von Homosexuellen, Epileptikern oder Albinos. Gewalt in der Erziehung oder in der Schule ist eine Straftat. Analphabetismus, Kindersterblichkeit und Todesfälle durch vermeidbare Krankheiten sind stark zurückgegangen. Die Todesstrafe ist in vielen Ländern abgeschafft. Ein Internationaler Gerichtshof verfolgt den Straftatbestand des Verbrechens gegen die Menschlichkeit. Die Vereinten Nationen entsenden multinationale Friedenssicherungstruppen. Internationale Abkommen schützen Elefanten, Rhinozerosse und Leoparden. Hilfsorganisationen kümmern sich um Katastrophenopfer und schicken medizinisches Personal in die ärmsten Länder. Länder mit geringen Gewalttaten, umfangreichen sozialen Absicherungen, rechtlicher Gleichberechtigung von Frauen und unantastbaren Bürgerrechten sind direkte Nachfolger der Aufklärung.

Vieles hat sich zum Besseren gewandelt, wenn auch nicht überall gleichmäßig. Die Kritik an Aufklärung und Kapitalismus speist sich auch aus der unrealistischen Annahme, dass sie Wohlstand und Gesundheit über den gesamten Globus einheitlich verteilen könnten. Derartige Vorstellungen bemühen sich nicht darum, sich die dazu erforderlichen konkreten Schwierigkeiten und Anstrengungen auszumalen. Lieber wird angenommen, dass noch vorhandene Ausbeutung, Armut und Hunger rein auf dem bösen Willen der „Herrschenden" oder des „Kapitalismus" beruhen. Eine geeinte Menschheit lässt sich vielleicht erträumen mit Blick auf den blauen und verletzlichen Planeten Erde von der International Space Shuttle ISS aus. Hier auf Erden aber wirken Interessen und Bedürfnisse. Sie sind divergent. Unzählige Akteure wirken mit an der Gestaltung des konkreten Lebens. Was letztlich dabei herauskommt, ist nicht immer das, was man sich erhofft und gewünscht hat. Insofern ist es erstaunlich, zu welcher Zivilität es die Menschheit bereits gebracht hat.

Die Persönlichkeit des Aufgeklärten

Aufklärung war kein Beruf, sondern eine Lebenshaltung, die sich nur in langer und ausführlicher Beschäftigung mit der vorhandenen Schriftkultur erwerben ließ. Die Anforderungen waren hoch. Erwartet wurde, dass man seine angeborene Fähigkeit zur Vernunft ausbildet, und zwar in jeder Richtung, in der etwas Vernünftiges erkannt oder geleistet werden kann.

Welche Rolle kann der Einzelne in diesem Prozess spielen? Die sinnliche Wahrnehmung und das logische Schließen müssen geschult und geübt werden. Logisches Schließen, Abstrahieren, Verallgemeinern und Differenzieren will gelernt sein. Freiheit von Vorurteilen und angemaßter Autorität setzt Erziehung zu Mündigkeit voraus. Erziehung und Pädagogik verschrieben sich der Aufgabe, junge Menschen an die Selbstaufklärung heranzuführen. Die Historikerin Esther-Beate Körber veröffentlichte 2006 ein Buch über die frühe Aufklärung im 18. Jahrhundert. Sie schreibt: „Zum Aufklärer wird man, indem man seine angeborene Fähigkeit zur Vernunft ausbildet, und zwar in jeder Blickrichtung, in der etwas Vernünftiges erkennt oder geleistet werden kann: in Richtung auf logisches Schließen, Abstrahieren und Verallgemeinern, im Hinblick auf die Differenzierungsfähigkeit der Sinne und des sprachlichen Ausdrucks" (Körber, 2006, S. 184). Neben den politischen Forderungen nach Toleranz wurde die Reform der Pädagogik zum zentralen Anliegen der Aufklärer. Die Aufklärung forderte nicht nur Vernunft und Freiheit, sondern auch ein tugendhaftes Leben. Die Erziehung von Rousseaus *Émile* war das radikale Gegenkonzept zur militärähnlichen Drillschule.

Seit Kant ist Aufklärung *Selbst*aufklärung, eine Willensentscheidung aufgrund des Bedürfnisses nach intellektueller Freiheit und Selbstbestimmung, ein Kunstgriff zur Behebung von Unwissenheit und Unvernunft, eine Verpflichtung zur Suche nach guten Gründen, eine Kritik des Aberglaubens, der Vorurteile, des Fanatismus und der romantischen Schwärmerei. Der Mensch solle sich verbessern und vervollkommnen. Eine verständige und vernünftige Person handelt rational und nutzt dabei in optimaler Weise ihr verfügbares Wissen und wählt die geeigneten Mittel, um ihr Ziel zu erreichen. Der sittliche Mensch entsteht nicht ohne Anstrengung. Die Arbeit an sich erfordert Selbstdisziplin und Orientierung an der Vernunft als Maxime sittlichen Handelns. Von diesen Möglichkeiten leitet sich der aufklärerische Optimismus ab. Alles liegt in der Hand des Menschen.

Erneut spielt die Frage, wie weit die menschliche Vernunft reicht, eine zentrale Rolle. Dabei geht es nicht nur um Naturwissenschaft und Technik, sondern auch um Wertorientierungen, ästhetische Erfahrungen, Moral und Recht. Der Fortschritt besteht nicht nur in einer Steigerung von Produktivkraft. Sehr viele Parameter des menschlichen Lebens weisen nach oben. Die Verdopplung der Lebenserwartung seit 1900 ist der schlagende Beweis. Die Menschheit insgesamt scheint vernünftiger geworden zu sein. Seit Ende des Zweiten Weltkriegs geht die Zahl bewaffneter Konflikte zurück, ebenso die Zahl der in ihnen verwickelten Menschen, die Zahl der Todesopfer bei Naturkatastrophen und die Zahl der Hungernden (bei gleichzeitig steigender Bevölkerungszahl), während zugleich die Zahl jener steigt, die eine Schulbildung erhalten (auch Mädchen) und die Zugang zu gutem Trinkwasser und medizinischer Versorgung haben.

Offensichtlich gibt es Lernprozesse, die sich in Institutionen der Freiheit und der Gerechtigkeit verkörpern. Nicht nur die religiösen Lehren, auch die aufklärerischen verkünden ein sinngebendes Ziel und enthalten ein Versprechen von Gerechtigkeit und besserem Leben. Aber nur in der Aufklärung ist dies an realen Fortschritt geknüpft. Aufklärung greift nicht auf Metaphysik zurück, sondern erzeugt normative Orientierungen aus ihren eigenen Ressourcen. Aus der Einsicht in die Verletzlichkeit sowohl des zwischenmenschlichen Lebens als auch des einzelnen Menschen lassen sich gute Gründe für verbindliche Normen des Handelns auch in der Politik gewinnen.

Im Namen eines wie immer zu definierenden Höheren darf Einsatz erwartet werden, aber keine Opferung. Aufklärung ist in ihrem Kern unegoistisch, indem sie sich über die Identifikation mit dem Anderen leiten lässt. So kommt menschliche Solidarität zustande, die Verteidigung einer allen Menschen gemeinsamen Würde. Die Aufklärung ist die Tat des unterrichteten Menschen, der Bewusstsein seiner Rechte besitzt und bereit ist, dafür einzutreten.

Auf dieser Grundlage soll nun die Antwort auf die Frage: Was ist Aufklärung? neu formuliert werden.

4 Beantwortung der Frage: Was ist Aufklärung?

Das bürgerliche Projekt der Aufklärung ist ein Füllhorn von Ideen und Forderungen, die durch vier Schlagworte zusammengehalten werden: Vernunft, Wissenschaft, Humanismus und Fortschritt (Pinker, 2021, Vorwort). Die Aufklärung will die Menschen in die Lage versetzen, ein besseres, d.h. menschengerechteres und humaneres Leben zu führen, indem sie die freie Erkenntnis und das positive Erfahrungswissen vermehrt und klug anwendet. Wesentliche Maxime der Aufklärung ist die Menschenfreundlichkeit, d.h. die Vermeidung bzw. Verminderung von Leid und Angst. Es geht um die möglichst freie Entfaltung aller Begabungen und Talente in einer grundsätzlich friedlichen und toleranten Atmosphäre gegenseitiger Achtung und Förderung, sowohl im privaten als auch im öffentlichen Raum.

Aufklärung ist eine gesellschaftliche Bewegung, die sich zunächst negativ definiert: Sie distanziert sich strikt von allem Mystischen, Religiösen, Numinosen, Irrationalen, Obskuren, Wahnhaften, Unbewiesenen und Gespenstischen. Aufklärung ist das gewissenhafte Bemühen um das Erkennen von Irrtümern und Fehlschlüssen, um die Erweiterung des Wissens auf allen nur denkbaren Gebieten, um das Schließen von Wissenslücken, um die Suche nach Beweisen und Belegen für Hypothesen und Thesen und um die Verwerfung falschen Wissens. Diese Haltung soll und muss sich auf das gesellschaftliche Zusammenleben der Bürger und schließlich auf die Verfassung der Staaten auswirken. Aufklärung nutzt die dem Menschen gegebenen Freiheits- und Handlungsspielräume und will sie nach Möglichkeit erweitern. Die Psychotherapie ist somit ein Kind der Aufklärung. Die Einschränkungen der Freiheit und des Handlungsspielraums sind zum Teil naturgegeben, zum Teil von außen durch Familie und Gesellschaft auferlegt, zum Teil durch Faulheit und Feigheit bedingt.

Der Mensch kommt nicht als selbständig denkendes Wesen auf die Welt. Kein Mensch ist von sich aus klug genug, um zu durchweg vernünftigen Einsichten zu gelangen. Weisheit erwächst aus einer Gemeinschaft denkender Menschen, die sich gegenseitig aufklären. Jeder durchläuft einen mindestens zwei Jahrzehnte dauernden Prozess der Wissenssammlung und Erkenntniserweiterung, eher er eine gewisse Reife zum selbständigen Denken erreicht. Diese Fähigkeit ist durch vielerlei Einflüsse modelliert: genetische Ausstattung, Temperament, charakterliche Eigenheiten, gute und schlechte Erfahrungen im Laufe des Lebensprozesses, Verarbeitung dieser Erfahrungen im Lichte alter Erfahrungen, spezifische Familienkonstellationen, klimatische und andere Umweltbedingungen, politische und gesellschaftliche Normen und vieles mehr. Die Qualität des Verstandes und weiterer geistiger Fähigkeiten sind in den Menschen qualitativ und quantitativ unterschiedlich ausgeprägt. Nicht alle Menschen werden gleichermaßen von der freiheitserweiternden Aufklarung profitieren können.

Sapere aude! Wage es, weise zu sein! war und ist das Motto der Aufklärung. „Weise sein" heißt, viel zu lernen und dieses Wissen klug anzuwenden für vernünftige Ziele und Vorhaben. „Kluge Anwendung" heißt, daran erinnern Kant und Mendelssohn, erst nach reiflicher Überlegung seinen Standpunkt sanft und höflich darzulegen und für seine Durchsetzung zu kämpfen. Weisheit ist nicht, wie man früher glaubte, den Gelehrten vorbehalten, sondern prinzipiell allen möglich, und zwar nicht nur in Form von Schriften. Die schriftliche Formulierung von Gedanken ist aber ein probates Mittel, den eigenen Gedanken Form und Gestalt zu geben. Schreiben schult das Denken. Noch mehr lernt man, wenn man versucht, sein Wissen an andere weiterzugeben. Schreiben und Vortragen setzen meine Gedanken der Öffentlichkeit aus, und ich muss mich der Kritik stellen. Kritik, „sanft und höflich", ist eine Form der Aufklärung. Beleidigungen und Drohungen sind zu unterlassen.

Aufklärung setzt gleichzeitig an zwei Punkten an: einerseits an der Bildung des Einzelnen und des Volkes, andererseits an der Verbesserung der politischen und staatlichen Organisation. Aufklärer in verschiedenen Ländern haben mal den einen, mal den anderen Schwerpunkt gesetzt. Das sollte nicht mehr unterschieden und getrennt werden. Beides, Individuum und Politik, bedingen einander. Demokratie braucht aufgeklärte und engagierte Bürger. Aufgeklärte und engagierte Bürger brauchen demokratische und stabile Institutionen.

Die Dialektik, mit der Adorno und Horkheimer die Aufklärung betrachteten, ist nicht nur ein für die Aufklärung gültiges Prinzip. Die Universalität der Dialektik gilt für jede Entwicklung. „Jede Entwicklung" heißt: Impfstoffe und Atombomben, Trinkwasserversorgung und Massentourismus, Kühlschränke und Bevölkerungswachstum. Manche unerfreuliche oder unerwünschte Entwicklung geschieht ohne bewusstes Zutun. Kein Aufklärer oder Humanist hat je gefordert: Lasst uns die Atombombe bauen, um anderen Angst zu machen! Die Aufklärung kann weder für Völkermord und Krieg verantwortlich gemacht werden, noch bedroht sie die moralischen Grundlagen moderner Nationen. Massenvernichtungswaffen sind in der Tat das Ergebnis wissenschaftlichen Denkens, und wissenschaftliches Denken beruht auf Rationalität. Wer Rationalität kritisieren will, sollte auch Antibiotika, steigende Lebenserwartung, wachsende Freiheitsrechte oder ein ausgebautes Bildungssystem in die Waagschale werfen. Das Ziel aller Aufklärer war immer die Maximierung des menschlichen Wohlergehens - Leben, Gesundheit, Glück, Freiheit, Wissen, Zuneigung, Toleranz, Wohlstand.

Aufklärung, Rationalität und Humanität müssen die Leitsterne unseres Denkens und Handelns sein. Wir werden nie eine perfekte Welt haben, und es ist sogar gefährlich, sich eine solche Welt vorzustellen und zu versuchen, sie zu verwirklichen. Das führt zu Tyrannei und Totalitarismus. Aber es gibt keine Grenze für Verbesserungen, wenn wir Wissen nutzen, um das menschliche Wohlergehen zu verbessern. Wir müssen erkennen, dass Leben besser ist als Tod, Gesundheit besser als Krankheit, Überfluss besser als Mangel, Freiheit besser als Zwang, Freude besser als Leid und Wissen besser als Unwissenheit und Aberglaube. Wir müssen mit der dunklen Seite der menschlichen Natur rechnen, aber auch mit der Vernunft und der Wirkung der Aufklärung.

5 Nachwort

Aufklärung ist das Aufbegehren gegen eine Welt, wie sie angeblich gottgewollt ist. Wenn unschuldige Kinder dazu bestimmt sein sollen, Schmerz, Krankheit und Tod zu empfangen, dann liegt der Verdacht nahe, dass die Erde als Produkt eines allmächtigen Gottes in ihrem Wesen verfehlt ist. Wenn Gott das Böse und Schreckliche in die Welt gesetzt hat, ist er nicht gütig; wenn er nichts dagegen tun kann, ist er nicht allmächtig.

Wenn Gott der Allwissende ist, dann ist er auch für die Schöpfung verantwortlich. Diese aber ist unvollkommen und kritikwürdig. Die christliche Barmherzigkeit und Friedfertigkeit wird durch die Kirche und die Gerichtshoheit Gottes ad absurdum geführt. Die Gegenüberstellung von menschlichem Elend und himmlischer Herrlichkeit ist weder erklärbar noch akzeptabel.

Was sich die Religiösen nicht vorstellen konnten, war, dass der Mensch sich sein Gesetz selbst geben kann. Er ist zu Selbstdisziplin und Selbstkritik fähig. Er kann sich seiner Vernunft ohne die Hilfe eines Gottes bedienen. Er kann seiner Freiheit eine Form geben, die den Bedürfnissen und der Würde aller Rechnung trägt.Die Geschichte der Menschheit ist kein unabänderliches Schicksal. Der Mensch kam zum Bewusstsein seiner eigentlichen Aufgabe erst durch die Abschaffung Gottes und seiner Kirche, die solche Aktivität verbot. Der Weg in die Freiheit ist der Weg vom Mythos zum Logos: aus dem Schein geheiligter Wahrheit in die Realität menschlicher Bedürfnisse.

Wie alle handelnden Menschen haben auch Tyrannen, Diktatoren und Autokraten Gründe für ihr grausames Handeln angegeben. Diese Rechtfertigungen können sich jedoch niemals auf die Vernunft berufen, da sie das aufklärerische Gebot der Humanität missachten. Es ist weder ideologisch noch politisch möglich, die Aufklärung zur Legitimation von Mord und Folter heranzuziehen. Am vorläufigen Ende der Aufklärung steht nicht das Verbrechen, sondern die Befreiung aus der Knechtschaft und die Teilhabe an wachsendem Wohlstand. Aus der Negation Gottes ist die Bejahung des menschlichen

Fortschritts geworden. Gott ist verschwunden, der Mensch übernimmt die Regie.

Iwan Karamasow, der Skeptiker, kommt in den *Brüdern Karamasow* zu dem Schluss, dass Gott nicht existiere und dass es in der Welt der Menschen keine Instanz gebe, die sie Moral lehren könne. Wenn es keinen Gott gibt, ist alles erlaubt. Darüber ist viel diskutiert worden, aber im Grunde handelt es sich um einen Denkfehler. Der Fehler besteht darin, Gott als einzige Instanz anzunehmen, die für Ordnung sorgen könnte.

Aufklärung darf nicht grenzenlos sein. Sie findet ihre Grenze dort, wo sie sich gegen den Menschen selbst zu wenden droht. Die Aufklärung hat die Aneignung der Welt vorangetrieben, aber nicht, um eine neue Knechtschaft zu begründen. Der aufgeklärte Mensch treibt sein Streben so weit, bis Gerechtigkeit und lebenswerte Wirklichkeiten durchgesetzt sind. Dann aber ist Schluss. Die Hybris der Vergöttlichung des Menschen zum Herrn und Herrscher über seine Geschichte und die Welt hat die rote Linie bereits überschritten. Idealismus rechtfertigt keine Menschenopfer. Der fanatische Aktivismus der französischen und kommunistischen Revolutionäre heiligt nicht die Mittel. Und auch Dostojewskis Großinquisitor irrt, wenn er meint, es bedürfe der Herrschaft der Cäsaren, um die Welt in Ordnung zu bringen. Cäsaren haben immer nur für sich entschieden. Extreme Existenzen wie Max Steiner oder Friedrich Nietzsche können keine Vorbilder sein. Stirner verlor sich in der Einsamkeit, Nietzsche im Übermenschen.

Es mag eine Faszination des Bösen geben, wie sie Baudelaire in seinen Fleurs du mal beschreibt, wo er postuliert, dass kriminelle Energien letztlich den Fluss von Arbeit und Lust in der Gesellschaft steuern. Baudelaire hat Freiheit mit Nihilismus verwechselt. Ist die Aufklärung diesen Weg gegangen, wie Horkheimer und Adorno meinen? Die Aufklärung hat zwar Gott die Gefolgschaft verweigert, aber sie war immer gefeit gegen Unmoral und Chaos durch die ständige Rückbindung an eine Menschenwürde, die nicht nur mir, sondern allen zusteht.

Die Geschichte seit dem Ende des Zweiten Weltkrieges mit ihren unbestreitbaren Fortschritten weist in die Richtung einer realistischen Antwort. Das Ende des Zweiten Weltkrieges markiert eine erstaunliche Wende in Fragen des Fortschritts und der Ethik. Den Menschen geht es immer besser.

- Der Anteil der Menschen, die in extremer Armut leben, ist stark zurückgegangen. 1820 lebten weltweit 94 Prozent der Menschen in extremer Armut. 2015 waren es zehn Prozent.
- Der Anteil junger Menschen, die eine Grundschulbildung erhalten, hat stark zugenommen. 1820 besuchten 83 Prozent keine Grundschule. 2015 waren es 14 Prozent.
- Immer mehr Menschen können lesen. 1820 konnten 88 Prozent der Menschen nicht lesen. 2014 waren 14 Prozent Analphabeten.
- Die Demokratie als Staatsform hat sich immer mehr durchgesetzt. 1820 lebten 99 Prozent der Menschen *nicht* in einer Demokratie. 2015 waren es noch 44 Prozent.
- Immer mehr Menschen sind gegen Krankheiten geimpft und leben länger. 1820 war niemand geimpft. 2015 sind 86 Prozent der Menschen geimpft.
- Die Kindersterblichkeit ist stark zurückgegangen. 1820 erreichten 57 Prozent der Kinder das fünfte Lebensjahr. 2015 waren es weltweit 96 Prozent (alle Quellen zusammengefasst unter Data Sources 2015).

All diese Erfolge basieren auf Einsicht, Vernunft und Wissenschaft. Es gibt einen Zusammenhang zwischen Bevölkerung, Wissen und Wohlstand (Tupy & Pooley, 2022). Je mehr Menschen leben, desto mehr Wissen wird generiert. Trotz immer mehr Menschen geht es immer mehr Menschen immer besser. In einem Meer von schlechten Nachrichten sprechen die nackten Daten eine andere, erfreuliche und ermutigende Sprache.

Aber auch die Moderne steht unter dem Verdikt ihrer Unzulänglichkeit. Nicht alle sieben Milliarden Menschen auf der Erde profitieren gleichermaßen vom moralischen und technischen Fortschritt. Der französische Philosoph Albert Camus fragt in seinem großen Essay "Der Mensch in der Revolte" (1953), wie eine Welt zu bestellen, aber auch zu akzeptieren wäre, die in der Unvollkommenheit die Früchte eines sicheren und glücklichen Lebens genießen könnte.

In der Nachfolge von Horkheimer und Adorno behaupten sogenannte Antirassisten, die Vernunft und Rationalität der Aufklarung seien Herrschaftsinstrumente des weißen Mannes. Wie falsch Horkheimer und Adorno lagen, wie leicht ihre Argumente zu widerlegen sind, habe ich oben dargelegt.

Die Critical Race Theory arbeitet daran, Unterschiede in Hautfarbe, Herkunft und Sozialisation nicht aufzuheben, sondern im Gegenteil immer bewusst zu halten. Das Ziel ist leicht zu erkennen: Der weiße Mann ist an allem schuld, was in der Welt schief läuft, daran muss er ständig erinnert werden, um sein Schuldgefühl wach zu halten, mit der Folge, dass er viel Geld für die Unterprivilegierten dieser Welt ausgibt, um sein Gewissen zu beruhigen. Die modernen westlichen Staaten werden als schuldbeladene, bösartige Melkkühe betrachtet. Zu den Details dieses Irrsinns gehört die Behauptung, dass gerade die vehementesten weißen Antirassisten die schlimmsten seien; sie könnten ihren Rassismus nie abschütteln, vielmehr würden sie damit geboren und würden damit sterben. Die Aufklärung wurde und wird in Europa erfunden und hat die westliche, moderne Welt geprägt. Aber ist der gelegentliche Verweis auf Vernunft und Verstand ein Mittel zur Durchsetzung weißer Vorherrschaft?

Kritiker der Aufklärung glauben, leichtes Spiel zu haben, wenn sie darauf hinweisen, dass wichtige Vertreter der Aufklärung nicht frei von Rassismus waren. In der Tat ist es angebracht, genau hinzuschauen. Aber ein aufgeklärtes Bewusstsein ist in der Lage, diese Äußerungen in ihrem historischen Kontext zu sehen und zu verstehen. Das schmälert nicht ihre Verdienste um die Verbreitung aufklärerischer Ideen, die - siehe oben - so viel Gutes bewirkt haben. Demokratie, Alphabetisierung und Impfungen sind Errungenschaften der Weißen. Sie den unterentwickelten Völkern nahe zu bringen, war manchmal von einer gewissen Arroganz geprägt, aber auch der gute Wille wird eine wichtige Rolle gespielt haben. Natürlich hat auch die Aufklärung ihre ambivalenten Seiten, wer will das leugnen, aber ist nur der weiße Westen von Ambivalenz betroffen?

Sind die Gräuel des Kolonialismus wirklich auf dem Boden einer humanistischen Aufklärung gewachsen? Und haben die kolonialisierte Völker immer nur gelitten? Profitierten sie nicht vom Handel, vom Postwesen, von der beginnenden Alphabetisierung, von einem modernen Gesundheitswesen? Wären sie selbst in der Lage gewesen, Wasserfilter, effektive Landwirtschaft, Dünger und Antibiotika zu entwickeln? Sollte man den Vertretern der Critical

Race Theory die Anwendung all dieser Errungenschaften nicht wegen „kultureller Aneignung" verbieten?

Der Angriff ist geschickt geführt. Jeder Einwand steht von vornherein unter einem Vorbehalt: Er bewegt sich in den Kategorien eben jener Vernunft, die in den Augen der Critical Race-Aktivisten als Instrument der Unterdrückung entlarvt wurde, und hebt sich damit selbst aus den Angeln (Ribi, 2021). Und wer sich nicht schuldig bekennt, zeigt nur, dass er keine Demut kennt.

Wenn es eine Kraft gab, die die Unterdrückung der Menschen erkannte und Mittel zu ihrer Überwindung erfand, dann war es die Aufklärung. Auch das Christentum - ebenfalls eine ambivalente Bewegung - trug mit der Gleichheit der Menschen vor Gott zum Humanismus bei. Wie für die Vernunft hat Immanuel Kant auch für die Freiheit keine starre Definition gegeben. Er dachte über die Bedingungen nach, die gegeben sein müssen, damit Freiheit möglich wird. Und er hielt seine Überlegungen offen für Kritik, weil er wusste, dass nur das Geltung beanspruchen kann, was der Überprüfung standhält. Von dieser aufklärerischen Haltung sind die Agitatoren der Critical Race Theory weit entfernt, mehr noch, sie bekämpfen sie vehement. Sie sind antiaufklärerisch. Der humanen Aufklärung geht es nicht um Privilegien, nicht einmal primär um Vernunft und Verstand, sondern um elementare Achtung, Respekt und Menschlichkeit. Kein Aufklärer hat daraus je ein intolerantes Gebot gemacht. „Ist diese Vernunft weiß, europäisch? Nein, sie ist menschlich", betont der Schweizer Journalist Thomas Ribi (2021). Deshalb hat sie keine Rasse und keine Hautfarbe und kann von allen angewandt werden, unabhängig von Herkunft und Geschlecht.

Aufklärung ist ein Versprechen, das nie ganz eingelöst werden kann, eine Aufgabe, die nicht so bald enden wird, und eine Verpflichtung, die sich alle Menschen guten Willens auferlegen. Und nicht zuletzt ist Aufklärung seit über 200 Jahren ein Angebot für eine menschlichere und friedlichere Welt.

Literatur

Arnold, Eckhart (2005). Aufklärungskritik als metaphysische Denunziation. Über den Begriff der Aufklärung bei Horkheimer und Adorno. Hausarbeit an der Philosophischen Fakultät der Heinrich-Heine-Universität Düsseldorf. http://www.eckhartarnold.de/papers/2005_Adorno/Adorno.pdf, aufgerufen am 12. Februar 2023.

Dahlheim, Werner (1994). Die Antike. Griechenland und Rom. Paderborn, München, Wien, Zürich: Ferdinand Schöningh.

Data Sources (2015): Extreme Poverty: Bourguignon & Morrison (2002) up to 1970 – World Bank 1981 and later (2015 is a projection). Vaccination: WHO (Global data are available for 1980 to 2015 - the OPT3 vaccination was licenced in 1949). Education: OECD for the period 1820 to 1960. IIASA for the time thereafter. Literacy: OECD for the period 1820 to 1990. UNESCO for 2004 and later.

Dawkins, Richard (2008). Der Gotteswahn. Aus dem Englischen von Sebastian Vogel. Berlin: Ullstein-Verlag.

Deutsche Welle (2016). „Der Kunstfreiheit keine Grenzen setzen!“, Interview mit Otfried Höffe, 8. Januar 2016; https://www.dw.com/de/der-kunstfreiheit-keine-grenzen-setzen/a-18924914, aufgerufen am 25. Dezember 2022.

Freimaurerei (2006). „Moses Mendelssohn, Wegbereiter der Aufklärung. Schweizer Freimaurer-Rundschau, April 2006; https://freimaurerei.ch/moses-mendelssohn-wegbereiter-der-aufklaerung/, aufgerufen am 25. Dezember 2022.

Höffe, Otfried (2015). Kritik der Freiheit. Das Grundproblem der Moderne. München: C. H. Beck.

Horkheimer, Max; Adorno, Theodor W. (2008 [1947]). Dialektik der Aufklärung. Philosophische Fragmente. Frankfurt/Main: Fischer Verlag.

HWPh (2007). Historisches Wörterbuch der Philosophie. Hg. von Joachim Ritter, Karlfried Gründer und Gottfried Gabriel, Bd. 1–13, Basel: Schwabe Verlag.

Kant, Immanuel (1784). Was ist Aufklärung? Diverse Ausgaben; vollständiger Text im Internet u. a. https://www.projekt-gutenberg.org/kant/aufklae/aufkl001.html, aufgerufen am 26. Oktober 2022.

Kant, Immanuel (1786). Was heißt: Sich im Denken orientiren? Erstdruck in: Berlinische Monatsschrift, Oktober 1786, S. 304-330; http://www.zeno.org/nid/20009189815, aufgerufen am 4. Januar 2023.

Kershaw, Ian (2019). Achterbahn: Europa 1950 bis heute. München: Deutsche Verlags-Anstalt.

Körber, Esther-Beate (2006). Die Zeit der Aufklärung. Eine Geschichte des 18. Jahrhunderts. Darmstadt: Wissenschaftliche Buchgesellschaft.

Mendelssohn, Moses (1784). Ueber die Frage: was heißt aufklären? Diverse Ausgaben; vollständiger Text im Internet u.a. https://www.deutschestextarchiv.de/book/view/mendelssohn_aufklaeren_1784/?p=1, aufgerufen am 25. Dezember 2022.

Pinker, Steven (2021). Aufklärung jetzt. Für Vernunft, Wissenschaft, Humanismus und Fortschritt. Eine Verteidigung. Frankfurt/Main: S. Fischer Verlag.

Ribi, Thomas (2021). „‚Kommt uns nicht mit eurer Vernunft!': Warum eine Aufklärung, die von weissen Männern erfunden wurde, für alle verbindend sein kann", Neue Zürcher Zeitung, 5. Mai 2021.

Röd, Wolfgang (1994). Der Weg der Philosophie. Von den Anfängen bis ins 20. Jahrhundert, 2 Bd., München: C. H. Beck.

Tupy, Marian; Pooley, Gale (2022). Superabundance: The Story of Population Growth, Innovation, and Human Flourishing on an Infinitely Bountiful Planet. Washington D.C.: Cato Institute.

Wikipedia, Eintrag „Beantwortung der Frage: Was ist Aufklärung", aufgerufen am 24. Dezember 2022.

Wikipedia, Eintrag „Friedrich II. (Preußen)", aufgerufen am 25. Dezember 2022.

Wootton, David (2015). The invention of science: A new history of the Scientific Revolution. New York. HarperCollins.

Über den Autor

Gerald Mackenthun, geboren 1950, ist Psychotherapeut und Buchautor. Er lebt in Berlin. 25 Jahre lang arbeitete er als Wissenschaftsredakteur in einer großen deutschen Nachrichtenagentur, bis er 2003 nach Studium und Ausbildung in den Beruf des Psychotherapeuten wechselte. Er ist Autor mehrerer psychologischer Grundlagenwerke wie *Widerstand und Verdrängung. Ursprung und Neuinterpretation zweier Schlüsselbegriffe der Tiefenpsychologie* (Gießen: Psychosozial-Verlag 2011), *Gemeinschaftsgefühl. Wertpsychologie und Lebensphilosophie seit Alfred Adler* (Gießen: Psychosozial-Verlag 2012) und *Grundlagen der Tiefenpsychologie* (Gießen: Psychosozial-Verlag 2013). Eine weitere Buchveröffentlichung ist *Politisches Denken in Athen und Rom* (Berlin: VTA 2020).

Mai 2020

Gerald Mackenthun
Politisches Denken in Athen und Rom
204 S., gebunden,
ISBN print
978-3-946130-27-7
24,00 €
ISBN eBook
978-3-946130-28-4
12,99 €

Über den Inhalt

Im antiken Athen wurden Grundformen der Demokratie erfunden und erprobt; das antike Rom wird bewundert für seine Rechtssicherheit und die effektive Organisation des Imperiums.

In diesem Buch werden die bis heute wirksamen politischen Ideen, die in Athen und Rom entwickelt wurden, im Kontext ihrer Zeit dargestellt. „Politisches Denken" ist Ideengeschichte mit Verbindungen zur Realpolitik, zur Philosophie, zum Recht, zur Geschichtswissenschaft, zur Theologie. Die Geschichte zeigt: Demokratie wurde mühsam errungen und war immer gefährdet. Griechen und Römer zeigten immer wieder eine ungute Geneigtheit zu Tyrannen und Alleinherrschern.

Das Buch führt in die Ideengeschichte und Philosophie der Politik in Athen und Rom ein und endet mit der Frage: Was können wir aus der antiken Geschichte lernen? Die Antwort lautet: Es kommt sowohl auf die Qualität des politischen Personals an als auch auf die demokratische Gestaltung der Gesetze und der politischen Institutionen. Der Staat sollte so organisiert sein, dass er schlechten und inkompetenten Herrschern unmöglich macht, allzu großen Schaden anzurichten.

Über den Autor

Gerald Mackenthun, geboren 1950, studierte Politologie und war fast 30 Jahre lang Wissenschaftskorrespondent für verschiedene Medien. Nach Psychologiestudium und Ausbildung ließ er sich 2003 in Berlin als Psychotherapeut nieder.

Bestellungen in allen Buchhandlungen und auf allen Internet-Plattformen.

Matthias Voigt
Erziehung, Pädagogik und die Kultur der Menschheit
Der Beitrag der Tiefenpsychologie zur kulturellen Evolution
270 Seiten, gebunden, erschienen April 2017
ISBN 978-3-946130-11-6
27,00 €

Grete J. Adrian
Spiel als Erziehung – Erziehung als Spiel
Ein Essay
192 Seiten, Paperback, erschienen Oktober 2017
ISBN: 978-3-946130-07-9
18,00 € (D; A), 22,00 CHF

Phyllis Bottome
Alfred Adler – aus der Nähe porträtiert
304 Seiten, gebunden, 2., verbesserte Auflage, erschienen Juli 2017
ISBN: 978-3-00-040056-8
30,00 €